Resolución de conflictos para niños

Estrategias sencillas para ayudar a los niños a resolver desacuerdos, desarrollar habilidades para resolver problemas y fomentar relaciones positivas

Índice de contenidos

Introducción

¿Se ha dado cuenta alguna vez de que los niños discuten y se pelean mucho, mucho más que los adultos? Parecen estar en un tira y afloja interminable por los juguetes, las golosinas y todo lo demás. Tal vez la siguiente escena le resulte familiar: El salón de su casa se convierte en un campo de batalla mientras sus hijos se pelean por el mando a distancia, cada uno decidido a ver su programa favorito. Tal vez la interminable disputa sobre quién se queda con la última galleta le deje perplejo y le haga preguntarse si es usted el árbitro de una interminable lucha libre. Es un escenario familiar, ¿verdad? Como padres, a menudo nos encontramos atrapados en el torbellino de los conflictos de nuestros hijos, siendo testigos de cómo discusiones triviales evolucionan hasta convertirse en algo abrumadoramente frecuente e intenso.

Aunque es tentador intervenir y resolver cada disputa, en el fondo sabe que no puede proteger a sus hijos de todos los retos a los que se enfrentarán a medida que naveguen por las complejidades de la vida. Por mucho que le gustaría ser su protector constante, debe reconocer que necesitan algo más que una red de seguridad: Necesitan las habilidades necesarias para gestionar desacuerdos y conflictos de forma independiente.

Al igual que los adultos, los niños experimentan una amplia gama de emociones y deseos. Desde la frustración cuando su compañero de juegos le arrebata un juguete preciado hasta la rivalidad entre hermanos por ver quién se lleva el trozo de tarta más grande, estas situaciones cotidianas encierran semillas de crecimiento y aprendizaje. Lo que pueden parecer riñas sin importancia pueden servir de cimientos para su desarrollo emocional.

Si enseña a sus hijos a resolver conflictos desde una edad temprana, les proporcionará herramientas que les serán útiles durante toda su vida. Imagine el impacto de un niño que puede expresar con confianza sus necesidades y límites y comunicarse con los demás para encontrar un terreno común y navegar por las aguas turbulentas del desacuerdo sin recurrir a las rabietas o las lágrimas. Estas habilidades no consisten solo en evitar peleas, sino en capacitar a sus hijos para que se defiendan respetando las necesidades y los sentimientos de los demás.

La resolución de conflictos no consiste solo en encontrar soluciones a las discusiones. Es una forma profunda de desarrollar la inteligencia emocional. Cuando los niños aprenden a entender sus propios sentimientos y los de los que les rodean, adquieren una comprensión más profunda de la experiencia humana. Esta conciencia emocional se convierte en una herramienta inestimable, que les guía a través de los retos de la escuela, las amistades y, con el tiempo, el mundo de los adultos.

En los capítulos siguientes hemos incluido numerosas actividades y ejercicios que enseñarán a sus hijos a resolver conflictos. Explorará estrategias prácticas y actividades atractivas que ayudarán a su hijo a convertirse en un experto en resolver desacuerdos de forma sana y constructiva. Como padre, tiene la oportunidad de sentar las bases de una futura generación capaz de comunicarse eficazmente, colaborar pacíficamente y abordar los conflictos con empatía y comprensión.

Capítulo 1: La causa y el curso de los conflictos

Aunque a nadie le guste enfrentarse a ellos, los conflictos, los desacuerdos y las discusiones forman parte de la vida. Cuando las personas tienen opiniones, deseos, necesidades u objetivos diferentes, pueden surgir desacuerdos durante las conversaciones. Sin embargo, si los desacuerdos se expresan de forma verbalmente agresiva, se convierten en conflictos. Un desacuerdo serio surge cuando las personas tienen acciones, motivos, necesidades, valores, objetivos y obligaciones opuestos.

Aunque a los adultos les resulta más fácil hacer frente a la oleada de emociones tras un conflicto, una orientación y formación adecuadas son cruciales para la resolución de conflictos en el caso de los niños. Sencillamente, no están preparados para afrontar estos sentimientos. Por lo tanto, los cuidadores principales deben trabajar con los niños para que afronten los conflictos de forma sana y constructiva.

Cuando las personas tienen opiniones, deseos, necesidades u objetivos diferentes, pueden surgir desacuerdos durante las conversaciones
https://pixabay.com/photos/cute-couple-love-misunderstanding-5392897/

Las causas de los conflictos en los niños

Dinámicas de grupo: Los niños suelen formar grupos cuando juegan o socializan. Los conflictos pueden surgir cuando hay desacuerdo sobre quién manda, cómo se toman las decisiones o si alguien se siente excluido.

Deseo de independencia: Los niños buscan un mayor control sobre sus decisiones a medida que crecen. Pueden surgir conflictos cuando quieren hacer las cosas a su manera, se resisten a seguir las instrucciones de los adultos o afirman su autonomía.

Influencia de los compañeros: Los niños valoran encajar con sus compañeros. Los conflictos pueden surgir cuando se sienten presionados a seguir las preferencias o comportamientos de sus amigos, aunque vayan en contra de sus deseos.

Pertenencias personales: Las disputas sobre objetos personales pueden provocar conflictos. Tomar cosas prestadas sin permiso, no devolverlas o dañarlas accidentalmente pueden causar desacuerdos.

Falta de empatía: Los niños aún están aprendiendo a comprender los sentimientos de los demás. Los conflictos pueden surgir cuando hieren los sentimientos de alguien sin querer, lo que provoca malentendidos y emociones heridas.

Juego no estructurado: Durante el juego no estructurado, los niños pueden tener ideas diferentes sobre cómo jugar. Pueden surgir conflictos cuando no se ponen de acuerdo sobre la dirección del juego o sobre cómo incluir a todo el mundo.

Competencia por la atención: Los niños buscan la atención de los adultos y de sus compañeros. Los conflictos pueden surgir cuando se sienten eclipsados o excluidos, lo que provoca desacuerdos sobre quién merece reconocimiento.

Barreras lingüísticas: En diversos entornos, las diferencias lingüísticas pueden dificultar la comunicación y dar lugar a malentendidos. Los niños pueden tener dificultades para expresarse o entender a sus compañeros, lo que provoca conflictos.

Estereotipos y prejuicios: Los conflictos pueden surgir de prejuicios que los niños encuentran basados en características como el sexo, la raza o la procedencia. Los estereotipos y los prejuicios pueden herir sentimientos y provocar malentendidos.

Espacio físico: Compartir espacios puede dar lugar a conflictos sobre límites personales, organización y uso de recursos. Los desacuerdos pueden surgir cuando los niños tienen ideas diferentes sobre cómo utilizar el espacio.

Expectativas insatisfechas: Los conflictos pueden surgir cuando las expectativas de los niños no coinciden con la realidad. Pueden haber imaginado un resultado diferente para una actividad o acontecimiento, lo que provoca frustración.

Jerarquía social: Los niños pueden establecer jerarquías informales dentro de los grupos de iguales. Pueden surgir conflictos sobre quién manda o quién es más popular dentro del grupo.

Comparaciones: Los niños pueden sentirse presionados cuando se les compara con sus hermanos o compañeros. Pueden surgir conflictos por el estrés de tener que cumplir las expectativas percibidas o demostrar su valía.

Diferencias culturales: Los conflictos pueden surgir de malentendidos sobre normas y prácticas culturales. Los niños de distintos orígenes pueden interactuar de forma diferente, lo que provoca conflictos o enfrentamientos.

Miedo e inseguridad: Los niños pueden experimentar conflictos debido a miedos o inseguridades subyacentes. Las nuevas experiencias o los cambios pueden desencadenar respuestas emocionales que provoquen desacuerdos.

Los niños pueden experimentar conflictos debido al miedo
https://pixabay.com/vectors/graphic-horrified-smiley-emoji-4004029/

Comprender estas causas matizadas de los conflictos puede ayudar a los adultos a proporcionar orientación e intervenciones específicas para ayudar a los niños a resolver disputas, desarrollar sólidas habilidades sociales y elaborar estrategias eficaces de resolución de conflictos.

La evolución de los conflictos

La progresión de los conflictos en los niños suele seguir algunas etapas típicas. Comprender estas etapas puede ayudar a los padres y cuidadores a apoyar mejor a los niños mientras aprenden a navegar y resolver conflictos. He aquí un resumen de cómo tienden a evolucionar los conflictos en los niños:

Desacuerdo inicial: Los conflictos suelen comenzar con un simple desacuerdo. Puede tratarse de compartir juguetes, elegir una actividad o cualquier situación en la que los niños tengan opiniones o deseos diferentes. Imagine que dos amigas, Sarah y Emily, juegan juntas. Ambas quieren jugar con su juguete favorito, pero solo hay uno disponible. Este desacuerdo inicial es una situación habitual entre los niños.

Expresión de sentimientos: Los niños pueden expresar sus sentimientos de forma más intensa a medida que el conflicto se alarga. Esto puede incluir frustración, enfado, tristeza o incluso confusión. Pueden utilizar palabras, gestos o expresiones faciales para transmitir sus emociones. Sarah expresa su frustración diciendo: "¡Yo quería jugar con eso primero! No es justo". Emily responde a la defensiva: "Bueno, yo lo vi primero y también quiero jugar con él". Ambos niños expresan sus sentimientos, pero la tensión empieza a aumentar.

Escalada: Si el desacuerdo no se resuelve, el conflicto puede agravarse. Los niños pueden levantar la voz, utilizar un lenguaje corporal más intenso o incluso recurrir a los insultos. Esta fase puede implicar a veces más explosiones emocionales. A medida que el desacuerdo continúa, se vuelve más acalorado. Sarah levanta la voz y dice: "¡Siempre haces lo que quieres!". Emily replica: "Eso no es cierto, ¡solo estás siendo egoísta!". El conflicto se recrudece a medida que intercambian acusaciones.

Acciones físicas: En algunos casos, los conflictos pueden llegar a ser físicos e implicar empujones, golpes o agarres. Esto debe abordarse lo antes posible. Si el desacuerdo no se resuelve, puede ir a más. En este caso, Sarah podría arrebatarle el juguete de las manos a Emily, y Emily podría empujarla enfadada.

Buscar la ayuda de un adulto: Los niños suelen recurrir a los adultos, como sus padres, cuidadores o profesores, cuando los conflictos se vuelven abrumadores o les cuesta resolverlos por sí solos. Pedir ayuda a adultos de confianza es un paso positivo, ya que demuestra que los niños reconocen sus límites y buscan orientación. En este punto, un cuidador o un profesor puede intervenir para abordar la situación. Separan a los niños y les piden que expliquen lo sucedido. Ambos niños explican sus puntos de vista, pero siguen enfadados y poco dispuestos a llegar a un acuerdo.

Negociación y resolución: Con la orientación de un adulto, se pueden aprender técnicas de negociación y estrategias de resolución de conflictos. Esto puede implicar enseñarles a turnarse, compartir, transigir y encontrar soluciones beneficiosas para todos que satisfagan las necesidades de todos los implicados. Con la orientación de un adulto, los niños empiezan a negociar una solución. El cuidador sugiere que se turnen para jugar con el juguete o que busquen otra actividad que les guste a los dos. Después de discutirlo, acuerdan turnarse y finalmente se sientan a jugar juntos.

Comprensión y empatía: Los niños pueden comprender mejor las perspectivas y emociones de los demás. Pueden aprender a empatizar con sus compañeros y a considerar cómo sus acciones afectan a los demás.

Habilidades comunicativas: A medida que los niños maduran, pueden desarrollar mejores habilidades de comunicación, lo que les permite expresar sus pensamientos y sentimientos de manera más eficaz y escuchar activamente a los demás.

Prevención de conflictos: Con experiencia y orientación, los niños también pueden aprender estrategias para evitar que los conflictos se agraven. Pueden practicar la comunicación eficaz, la resolución de problemas y la autorregulación para abordar los desacuerdos antes de que se conviertan en problemas graves.

Independencia en la resolución de conflictos: A medida que crecen, los niños son más capaces de resolver conflictos de forma independiente. Aprenden de sus experiencias y aplican sus nuevas habilidades para resolver los desacuerdos con mayor confianza.

Ejemplo de la vida real: Rivalidad entre hermanos

Imagine a dos hermanos, Alex y Jamie, discutiendo sobre quién elige el programa de televisión. Alex quiere ver un dibujo animado, mientras que Jamie quiere ver un documental.

A medida que avanza la discusión, Alex empieza a tachar de aburrida la elección de Jamie, y Jamie responde burlándose de los dibujos animados favoritos de Alex. El desacuerdo se convierte en gritos e insultos.

Sin intervención, el conflicto podría agravarse. Alex podría cambiar a la fuerza el canal de televisión, y Jamie podría tomar represalias bloqueando el mando a distancia. Esto podría desembocar en una pelea física.

Uno de los padres interviene, separa a los hermanos y discute para llegar a un acuerdo. Al final, acuerdan ver un episodio de dibujos animados y luego cambiar al documental.

Los pequeños desacuerdos entre niños pueden agravarse rápidamente si no se abordan adecuadamente. Reconociendo las etapas de la progresión del conflicto e interviniendo con una comunicación eficaz, escucha activa y habilidades de negociación, los adultos pueden guiar a los niños hacia la resolución de conflictos de forma sana y constructiva. Esto ayuda a los niños a aprender valiosas habilidades para la vida y fomenta las relaciones positivas. Al igual que en el ejemplo real de la rivalidad entre hermanos, los padres pueden desempeñar un papel crucial a la hora de atenuar los conflictos y promover su resolución. Es esencial que los padres y cuidadores sean conscientes de estas etapas e intervengan adecuadamente cuando surjan los conflictos. Proporcionar orientación, enseñar técnicas de resolución de conflictos y servir de modelo de comunicación sana puede ayudar a los niños a desarrollar las herramientas necesarias para manejar los conflictos de forma positiva y constructiva.

Los efectos de los conflictos no resueltos

Los conflictos no resueltos pueden afectar considerablemente a la salud emocional y las interacciones sociales de los niños. Cuando los conflictos no se abordan o resuelven adecuadamente, pueden afectar negativamente al bienestar y las relaciones del niño. He aquí cómo pueden afectar a los niños los conflictos no resueltos.

Angustia emocional: Los conflictos no resueltos pueden desencadenar una serie de emociones intensas en los niños. Por ejemplo, supongamos que un niño discute constantemente con un amigo sobre las reglas de un juego. En ese caso, puede sentirse frustrado porque no se reconoce su punto de vista. Con el tiempo, este malestar emocional constante puede contribuir a crear un estado emocional negativo que afecte a la felicidad general y al bienestar mental del niño.

Baja autoestima: Cuando los conflictos persisten, los niños pueden interiorizar la idea de que son incapaces de resolver problemas o lograr resultados positivos. Por ejemplo, si las opiniones de un niño se descartan repetidamente durante los desacuerdos, pueden empezar a dudar de su propio juicio. Esto puede provocar una disminución de su autoestima y una falta de confianza en sus capacidades.

Tensión en las relaciones: Los conflictos no resueltos pueden tensar las relaciones entre niños, hermanos o compañeros. Por ejemplo, si dos hermanos discuten constantemente sobre el reparto de responsabilidades en casa, su relación puede volverse tensa. Esta tensión puede manifestarse en forma de aumento de la tensión, disminución de la comunicación y falta de confianza, lo que dificulta la colaboración y el mantenimiento de relaciones sanas.

Problemas de comunicación: Cuando los conflictos no se resuelven adecuadamente, los niños pierden valiosas oportunidades de desarrollar habilidades comunicativas eficaces. Por ejemplo, supongamos que dos compañeros de clase tienen un desacuerdo constante sobre un proyecto de grupo. En ese caso, puede que necesiten aprender a expresar sus preocupaciones con claridad, a escuchar activamente o a encontrar un terreno común. Esta falta de desarrollo de habilidades puede dificultar su capacidad para comunicarse eficazmente en diversos contextos, lo que afectará a sus interacciones personales y profesionales en el futuro.

Comportamiento agresivo: Los niños que experimentan conflictos no resueltos pueden recurrir al comportamiento agresivo como forma de hacer frente a sus emociones. Por ejemplo, un niño frustrado por los constantes desacuerdos con un compañero puede empezar a gritar o a utilizar un lenguaje hiriente. Este comportamiento agresivo puede crear un ciclo en el que los conflictos se intensifican aún más, dañando potencialmente las relaciones y el bienestar emocional.

Comportamiento de evitación: En respuesta a los conflictos no resueltos, los niños pueden desarrollar conductas de evitación para evitar situaciones que podrían conducir a desacuerdos. Por ejemplo, un niño que tiene un conflicto con un compañero de juegos puede empezar a evitarlo para evitar conflictos. Con el tiempo, este comportamiento de evitación puede limitar las interacciones sociales del niño y sus oportunidades de crecimiento.

Impacto en el aprendizaje: Los conflictos persistentes pueden desviar la atención del niño de tareas importantes como el colegio. Por ejemplo, un niño preocupado por un conflicto con un compañero de clase puede tener dificultades para concentrarse durante las clases o para completar las tareas. Esto puede perjudicar su rendimiento académico y dificultar su experiencia general de aprendizaje.

Efectos a largo plazo: Si los niños no aprenden a resolver conflictos desde una edad temprana, pueden arrastrar los problemas no resueltos hasta la adolescencia y la edad adulta. Por ejemplo, un niño que nunca aprende a manejar los conflictos con empatía y comprensión puede tener dificultades para establecer y mantener relaciones sanas en el futuro. Estos conflictos no resueltos pueden contribuir a un ciclo de interacciones negativas que afectan a diversos aspectos de su bienestar.

Modelado negativo: Los niños aprenden observando el comportamiento de los adultos y los compañeros que les rodean. Si son testigos de conflictos no resueltos entre adultos, como padres o cuidadores, pueden interiorizar la creencia de que los conflictos no tienen solución. Por ejemplo, si un niño observa a sus padres discutir constantemente sin llegar a una solución, puede reproducir este patrón en sus interacciones, perpetuando una dinámica de conflicto poco saludable.

Supresión emocional: En un intento de evitar conflictos, los niños pueden reprimir sus emociones. Por ejemplo, si un niño experimenta continuos desacuerdos con un amigo, puede optar por reprimir sus sentimientos de frustración para mantener la relación. Sin embargo, reprimir las emociones puede acarrear problemas emocionales más adelante, ya que estos sentimientos no resueltos se acumulan y pueden desembocar en ansiedad o depresión.

Empatía reducida: Los conflictos no resueltos pueden obstaculizar el desarrollo de la empatía, una habilidad social y emocional crucial. Por ejemplo, si un niño choca repetidamente con un compañero por tener opiniones diferentes, puede que le cueste entender la perspectiva o los sentimientos de su compañero. Esto puede dificultar la capacidad del niño para conectar con los demás a nivel emocional, lo que afecta a sus interacciones y relaciones sociales.

Rendimiento académico y social: La carga emocional de los conflictos no resueltos puede extenderse a varios aspectos de la vida del niño. Por ejemplo, los conflictos continuos con los compañeros de clase pueden distraer al niño durante las actividades de grupo, lo que repercute negativamente en su contribución y rendimiento general. Del mismo modo, los conflictos no resueltos pueden afectar a la capacidad del niño para participar en juegos cooperativos o trabajar en equipo, obstaculizando su desarrollo social y su capacidad para colaborar eficazmente con los demás.

En esencia, los conflictos no resueltos pueden tener repercusiones profundas y polifacéticas en la salud emocional y las interacciones sociales de los niños. Reconocer y abordar estos impactos mediante estrategias eficaces de resolución de conflictos, comunicación abierta y apoyo emocional es vital para promover el bienestar de los niños y ayudarles a desarrollar relaciones sanas a medida que crecen y navegan por las complejidades de la vida social.

Estrategias de resolución de conflictos

Aplicar estrategias para ayudar a los niños a gestionar y resolver conflictos es crucial para su desarrollo integral y su bienestar. Estas estrategias dotan a los niños de habilidades esenciales más allá de la resolución de conflictos, fomentando la inteligencia emocional, la comunicación eficaz y el éxito futuro. Al enseñarles a identificar los factores desencadenantes, los niños adquieren conciencia de sí mismos y reconocen patrones en sus respuestas emocionales. Además, impartirles habilidades de autorregulación les capacita para gestionar sus emociones durante los conflictos mediante técnicas como la respiración profunda y la autoconversación positiva. Las estrategias de retroalimentación constructiva guían a los niños en la expresión respetuosa de sus sentimientos mediante afirmaciones con "yo", fomentando la empatía y la comprensión.

Estas estrategias desempeñan un papel fundamental en el desarrollo de habilidades vitales cruciales. Facilitan la regulación emocional, lo que permite a los niños afrontar el estrés y mejorar su autoestima. Las habilidades de comunicación eficaz adquiridas mediante las estrategias de resolución de conflictos son fundamentales para establecer relaciones sanas y alcanzar el éxito en diversos ámbitos de la vida. Las habilidades de resolución de problemas perfeccionadas durante la resolución de conflictos capacitan a los niños para afrontar los retos con confianza. Además, estas estrategias cultivan la empatía, sentando las bases para las conexiones positivas y la colaboración. Aplicar estas estrategias de resolución de conflictos en la vida de los niños garantiza su bienestar emocional, reduce el estrés y fomenta una actitud positiva, sentando las bases para un futuro satisfactorio y exitoso.

Identificar los desencadenantes

Animar a los padres a que ayuden a sus hijos a identificar los desencadenantes implica entablar conversaciones abiertas y reflexivas. Los padres pueden hacer preguntas concretas como: "¿Puede recordar algún momento en el que se sintiera molesto durante un desacuerdo?". De este modo, los niños recuerdan conflictos pasados y reflexionan sobre los factores que provocaron sus reacciones emocionales. Estas conversaciones fomentan la autoconciencia y ayudan a los niños a reconocer patrones en sus emociones.

Los juegos de rol proporcionan un enfoque práctico para comprender los desencadenantes. Los padres pueden representar diferentes situaciones de conflicto con sus hijos, mostrando diversos desencadenantes y reacciones emocionales. Este método interactivo ayuda a los niños a relacionar las emociones con situaciones concretas, facilitándoles la identificación de los desencadenantes en los conflictos de la vida real.

Habilidades de autorregulación

Enseñar a los niños habilidades de autorregulación implica proporcionarles técnicas prácticas para gestionar sus emociones durante los conflictos. Los padres pueden explicar ejercicios de respiración profunda como forma de calmarse. Por ejemplo, pueden guiar a su hijo para que respire lenta y profundamente mientras cuenta hasta cuatro cada vez que inhala y exhala. Esta sencilla técnica ayuda a los niños a controlar sus respuestas fisiológicas al estrés y la ansiedad.

Contar hasta diez antes de responder es otra estrategia de autorregulación. Los padres pueden insistir en la importancia de hacer una breve pausa para ordenar los pensamientos antes de reaccionar emocionalmente. De este modo, los niños pueden abordar los conflictos con la mente más despejada, lo que les permite dar respuestas más meditadas y mesuradas.

Fomentar la autoconversación positiva es esencial para desarrollar la resiliencia emocional. Los padres pueden enseñar a sus hijos a transformar los pensamientos negativos en positivos. Por ejemplo, si un niño se siente frustrado durante un conflicto, puede recordarse a sí mismo que es capaz de manejar la situación con calma y encontrar una solución.

Opinión constructiva

Enseñar a los niños a dar y recibir opiniones de forma constructiva implica enseñarles habilidades comunicativas eficaces. Los padres pueden explicarles el concepto de las frases "yo", en las que los individuos expresan sus sentimientos sin culpar a los demás. Por ejemplo, en lugar de decir: "Nunca me escucha", un niño puede decir: "Me siento desoído cuando no discutimos las cosas juntos".

Los juegos de rol vuelven a entrar en juego a la hora de practicar las frases con "yo". Los padres pueden actuar como compañeros en escenarios conflictivos, animando al niño a expresar sus pensamientos y emociones utilizando este enfoque constructivo. Esta práctica ayuda a los niños a sentirse más seguros a la hora de utilizar las frases con "yo" en conflictos de la vida real.

A través de estas estrategias, los padres pueden empoderar a sus hijos:

Crear un conjunto de herramientas para la resolución de conflictos: Padres e hijos pueden trabajar juntos para crear una caja de herramientas física o mental que incluya una lista de desencadenantes identificados, técnicas de autorregulación y ejemplos de frases con "yo". Esta caja de herramientas sirve de guía personalizada para manejar los conflictos.

Modelar la resolución de conflictos: Los padres demuestran una resolución sana de los conflictos, hablando abiertamente de sus desacuerdos y resolviéndolos entre ellos. Los niños observan este comportamiento positivo y aprenden que los conflictos pueden abordarse con calma y de forma constructiva.

Fomentar el diálogo abierto: Los padres generen un entorno en el que los niños se sienten cómodos, compartiendo sus experiencias y emociones, consultando regularmente con ellos sobre sus conflictos. La comunicación abierta garantiza que los padres puedan ofrecer orientación y apoyo cuando sea necesario.

Reforzar los esfuerzos positivos: Cuando los niños aplican con éxito estas estrategias de resolución de conflictos, los padres deben reconocer y elogiar sus esfuerzos. El refuerzo positivo anima a los niños a seguir utilizando estas habilidades y aumenta su confianza en sí mismos.

Aplicar las habilidades más allá de los conflictos: Los padres deben destacar que las habilidades aprendidas en la resolución de conflictos tienen aplicaciones más amplias. Desde los proyectos de grupo en la escuela hasta las interacciones con amigos y familiares, estas habilidades contribuyen a mejorar las interacciones sociales y la inteligencia emocional.

Al poner en práctica estas estrategias y proporcionar orientación continua, los padres desempeñan un papel crucial a la hora de dotar a sus hijos de las herramientas y la confianza necesarias para afrontar los conflictos con eficacia. A medida que los niños interiorizan estas habilidades, se convierten en individuos más resilientes, empáticos y capaces de abordar los conflictos de forma positiva.

Capítulo 2: El lenguaje de las emociones

Seguro que está familiarizado con expresiones como "las emociones estaban a flor de piel", "estábamos en el calor del momento" y "perdí la cabeza y todo se fue al garete". Todas estas afirmaciones tienen algo en común. Lo ha adivinado: ¡las emociones! Las emociones son uno de los principales factores que contribuyen a atenuar o agravar cualquier conflicto. Los métodos por los que las personas transmiten sus emociones y comunican sus sentimientos pueden hacer o deshacer una relación. A menudo, cuando las personas se describen a sí mismas como impulsivas o emocionales, el cerebro está condicionado a creer estas etiquetas. Envía señales y desencadena pensamientos para confirmar esas creencias. Este proceso tiende a dificultar el aprendizaje del uso eficaz de un lenguaje emocional constructivo, puesto que uno ya está trabajando horas extras para desmantelar la vieja imagen que tiene de sí mismo.

En situaciones de estrés, es bastante habitual que las emociones fuertes, como la ira y el miedo, afloren a la superficie o se cocinen a fuego lento. Elegir el lenguaje correcto para expresarse en estas situaciones requiere práctica y mucha autorregulación y control.

Las emociones contribuyen en gran medida a atenuar o agravar los conflictos

Ahora, imagínese lo que sería para un niño que todavía está intentando abrirse camino en el mundo y entender el etiquetado de cada emoción que experimenta. Los niños no nacen con la capacidad natural de controlar y comunicar sus sentimientos. Aprenden a controlarse siguiendo el ejemplo de sus padres, así que asume siempre que te están observando. La mayoría de los niños modelan sus reacciones y respuestas emocionales basándose en el entorno en el que viven y en cómo les responden sus cuidadores.

En muchos casos, los padres asumen que esa es su señal para mostrar el ejemplo perfecto de inteligencia emocional, que suele implicar reprimir las emociones y respuestas para fingir control. Para una persona ajena a la situación, parece el escenario perfecto. Sin embargo, los niños aprenden más cuando se les muestra el proceso de aprendizaje. Reconocer que no eres perfecto y que no siempre dominas el lenguaje de las emociones, les da el empujón que necesitan para aceptar que, mientras aprendas de ellos, no pasa nada por cometer errores. Ser emocional delante de sus hijos no le hace parecer débil. Solo les dice que usted es tan humano como ellos y les muestra un ejemplo de alguien que trabaja activamente para superarse.

¿Cuál es el lenguaje de las emociones?

Sus emociones y sensaciones adquieren significado y valor a través del lenguaje que utiliza para expresarlas. En muchas situaciones, las palabras que utiliza para describir cómo se siente pueden acentuar los sentimientos, ya sean positivos o negativos. Poner nombre a los sentimientos puede tener efectos psicológicos y físicos. En el siglo XVIII, las emociones relacionadas con la "morriña" se consideraban una enfermedad mortal que afectaba a las masas. La añoranza que la gente sentía por sus hogares les angustiaba lo suficiente como para mostrar síntomas de agotamiento, fiebres y desolación general. La gente empezó a desarrollar trastornos alimentarios y, finalmente, a marchitarse. Hoy en día, la población en general no percibe la nostalgia de la misma manera. Por lo tanto, la percepción de las palabras y los sentimientos asociados a ellas han cambiado.

Si ese ejemplo le enseña algo, es a relativizar el conjunto. No dramatice ni menosprecie las emociones, pero deles su justo reconocimiento. Utilizar grandes palabras para describir pequeñas acciones o dar una fuerte reacción emocional en una situación delicada puede perturbar el equilibrio y la conexión que tiene con sus hijos. Y lo que es más importante, antes de empezar a enseñar a sus hijos la forma correcta de expresarse, debe asegurarse de entenderla usted primero. Piense que es un viaje en el que se embarcan juntos en un pequeño bote, y que los conflictos emocionales a los que se enfrentan son las olas que tienen que superar para llegar a tierra firme.

Comprender y gestionar las emociones

A medida que su hijo se aventura en el terreno de las emociones, necesitará tanta orientación como usted pueda proporcionarle para navegar por él adecuadamente. Si se hace correctamente, los niños pequeños y los adolescentes que pueden expresar sus emociones con éxito y eficacia controlan mejor sus impulsos. También tardan menos en superar sentimientos duros como la ira y la decepción. Cuanto más capaces sean de regular sus sentimientos, más sanas serán sus relaciones, ya sea con usted, con el resto de la familia o con los amigos que hagan por el camino.

Con su ayuda, aprenderán a identificar y poner nombre a sus sentimientos. Este es el primer paso en la enseñanza del control y la inteligencia emocional. La orientación que le brinde será muy diferente según el grupo de edad al que pertenezca su hijo.

Hable de ello

Con los niños más pequeños, la probabilidad de que las emociones se desborden de repente es más común de lo que crees. Los niños pequeños suelen experimentar muchas emociones que no pueden nombrar. Puede explicarle las escenas que se desarrollan ante usted, por ejemplo, el llanto de un niño cuando sus padres salen del parque. Puede pedirle que adivine la emoción y fijarse en las expresiones faciales y el lenguaje corporal. Esto les ayuda a captar las señales no verbales de las distintas emociones.

Además, asegúrese de etiquetar las emociones correctamente: "están llorando, deben de estar tristes por irse", "están sonriendo, deben de estar contentos".

Utiliza cuentos

Puede explorar las emociones a través de los libros ilustrados
https://unsplash.com/photos/qtUAV-yWZc?utm_source=unsplash&utm_medium=referral&utm_content=creditShareLink

Explore las emociones en cuentos y libros ilustrados. Hable con ellos de los distintos personajes y de cómo se muestran las distintas emociones en las ilustraciones. Haga una lista de vocabulario emocional y vea si pueden representarle la emoción más tarde.

Asegúrese de que entienden que cada persona tiene su propio castillo mental de emociones. Explíquele que las emociones pueden ocultarse. Hágales comprender que el hecho de que no lo muestren en su cara no significa que no lo sientan. Ponga ejemplos de su propio universo mental para que ellos compartan el suyo.

Modele sus emociones

"Estaba tan enfadado cuando rompí el vaso que después grité. ¿Haces eso cuando te enfadas?". Mostrar a su hijo cómo etiquetar y reconocer sus propias emociones les enseña a nombrar las suyas. Explíquele cómo puede afectarles físicamente: "Pareces preocupado; ¿te duele la barriga?".

Enseñe estrategias sencillas de afrontamiento

Con los niños más pequeños, puede empezar enseñándoles técnicas básicas para calmarse, como respirar hondo varias veces seguidas o contar hasta 20 mentalmente cuando se sientan abrumados.

También puede darles ejemplos de acciones físicas para hacer frente a emociones más fuertes, como saltar y aplaudir cuando están emocionados o pedir un abrazo cuando están enfadados.

Adapte su estrategia a su edad

La mayoría de los consejos anteriores funcionan de maravilla con niños pequeños que aún exploran el espectro de las emociones, pero ¿qué ocurre con los mayores, los adolescentes y los preadolescentes?

Si tiene un hijo que entra en esa fase, le espera una montaña rusa emocional. Los niños de esta edad sienten con agudeza emociones fuertes, como la ira, la humillación y la vergüenza. Probablemente, tengan el vocabulario necesario para conocer el significado de estas emociones. Sin embargo, es posible que no sepan reconocerlas en su interior.

- Si nota que las emociones afloran, intervenga. Cuanto antes pueda identificar el niño el momento en que experimenta cambios emocionales, más fácil le resultará mantener el control.

- Al igual que con los niños más pequeños, señale el impacto físico de las emociones fuertes. "Ayer, cuando estaba en un atasco, me enfadé tanto que se me aceleró el corazón y empecé a sudar. ¿Le ha pasado eso alguna vez?".

- Señale los comportamientos externos a las emociones, como golpear demasiado fuerte las teclas del teclado o apretar demasiado fuerte el bolígrafo al escribir. Pregúnteles si necesitan un minuto para tomar aire y calmarse.

- Explore los mecanismos de afrontamiento que utiliza para calmarse. "Cuando me siento decaído y desplazado conmigo mismo, intento centrarme en las cosas que he hecho y que me hacen sentir orgulloso".

- Ponga otros ejemplos de cómo afrontar las emociones fuertes y liberar la energía reprimida. Pruebe a salir a correr, respirar, meditar, bailar, leer, dibujar o incluso escuchar música alta. Intente adaptar las opciones a lo que a su hijo le guste hacer.

Banderas rojas de lucha emocional

Cada niño tiene sus propios mecanismos para afrontar las emociones fuertes.

- Es posible que note que su hijo responde de forma inadecuada a las malas noticias, como riéndose.

- Cambia muy deprisa de una emoción a otra, pasando de la calma al enfado o al estoicismo.

- Pueden intentar ocultar sus emociones y alejar a la gente cuando se sienten abrumados.

- Les cuesta olvidar las cosas que les molestan mucho después de que la situación haya terminado.

- No pueden relajarse lo suficiente como para disfrutar del tiempo con sus seres queridos o mientras hacen cosas que les gustan.

Ejercicios para mejorar la resiliencia y el uso del lenguaje para expresar emociones

Hay montones de recursos sobre cómo navegar por las emociones conflictivas y cómo controlar y regular su agitación interior. Ahora, todo lo que tiene que hacer es adaptar dichos ejercicios para que resulten más amenos y divertidos para los niños.

Póngale nombre y domínelo

¿Cómo Te Sientes Hoy?

feliz

enfadado

nervioso

celoso

confuso

tímido

asqueado

asustado

llorón

enamorado

cansado

decepcionado

Si nunca ha oído hablar de las fichas o tarjetas "¿cómo te sientes hoy?", está de suerte. Este ejercicio es más adecuado para niños pequeños, de 4 y 5 años. Hay versiones de la tabla para niños mayores, con vocabulario emocional más complejo para ayudarles a expresar sus emociones de forma más eficaz.

Estas tablas suelen utilizarse más de una vez al día para identificar los sentimientos con los que se enfrenta el niño. Incluyen ilustraciones de distintas emociones, con el nombre de la emoción debajo.

Pídale a su hijo que señale la emoción que está sintiendo cada vez, y sígale para enfatizar que estáis juntos en esto. No se detenga en una sola emoción; anímele a elegir más de un dibujo. Asegúrese de que entienden que tener sentimientos encontrados es habitual y que es normal tener más de una emoción.

A medida que vayan eligiendo distintas emociones, irán expresándose mejor, sobre todo si están con hermanos de distintas edades.

Haga hincapié en que, aunque no siempre podemos controlar cómo nos sentimos, sí podemos controlar nuestras respuestas.

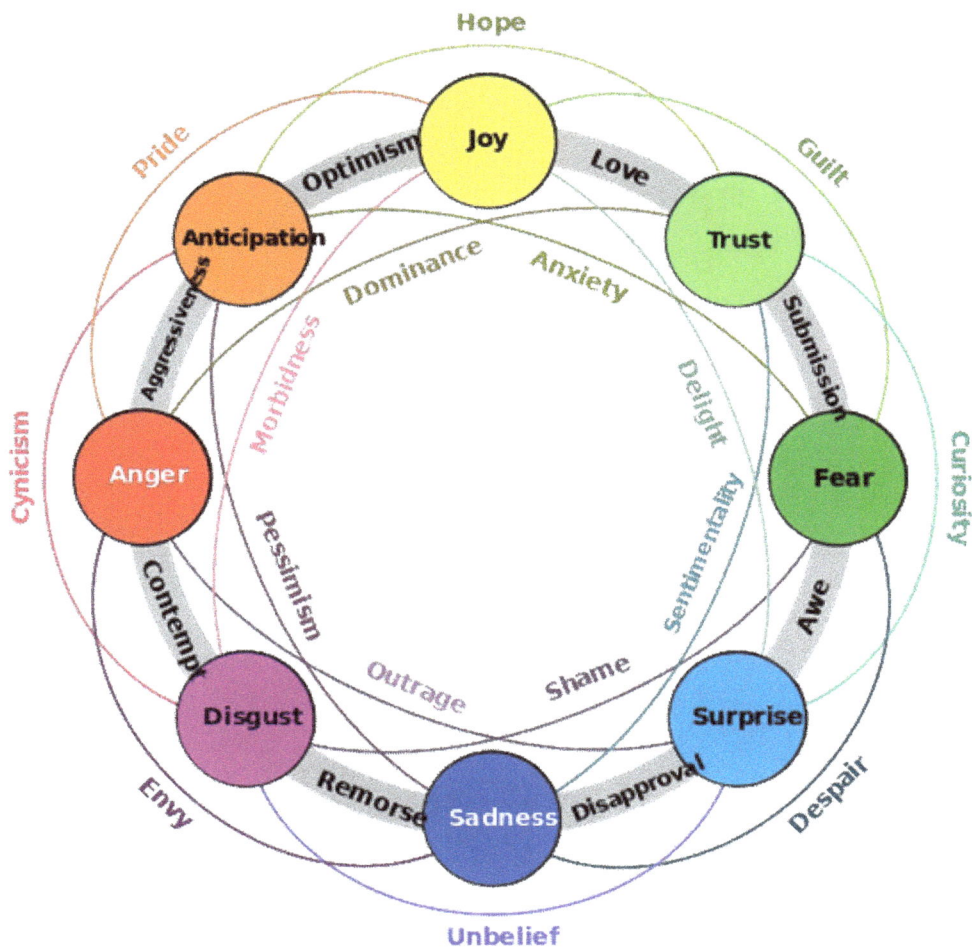

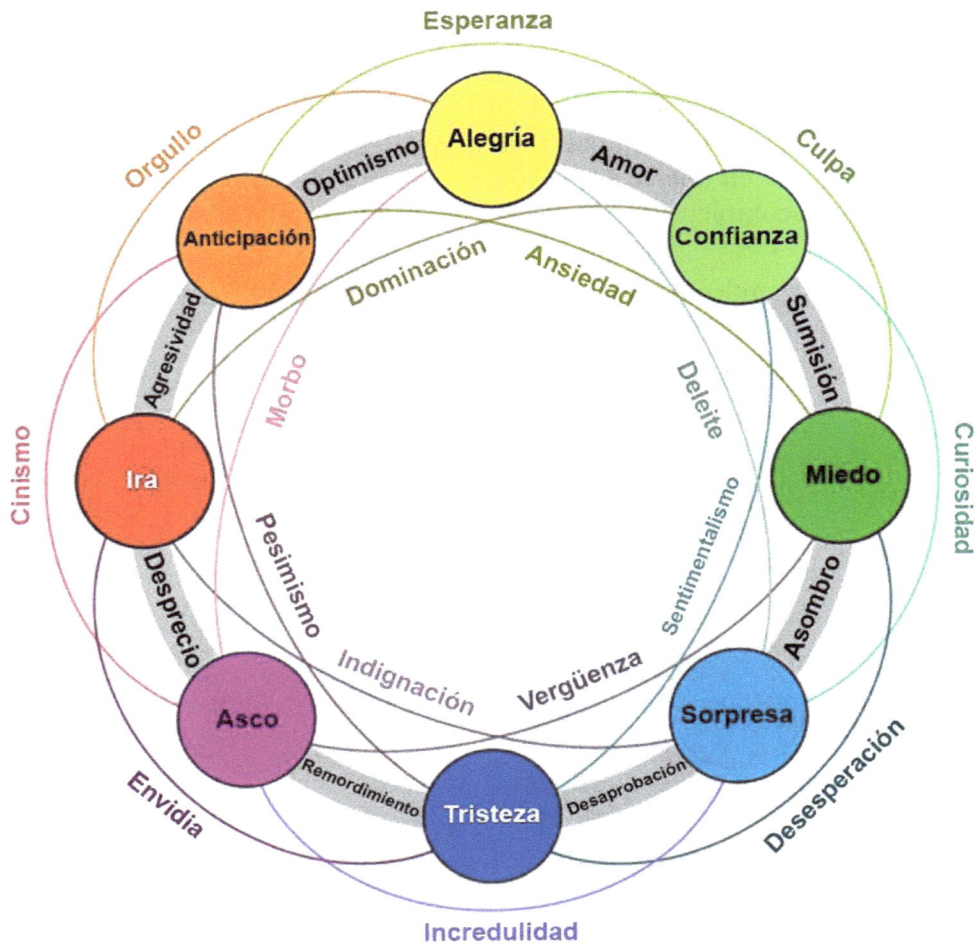

Asegúrese de que entienden que tener sentimientos encontrados es común y que es normal tener más de una emoción

Tira los dados

Los números de los dados pueden representar el gusto, el olfato y mucho más
https://www.pexels.com/photo/photo-of-two-red-dices-965879/

Haga una lista de adjetivos diferentes que describan a su hijo y a cada miembro de la familia, y anime a su hijo a hacer lo mismo. Estas palabras pueden ser negativas o positivas, como malo, amable, encantador o tonto. Escriba cada palabra en un papel y dele la vuelta.

Los números de los dados representan lo siguiente:

- 1 es sabor
- 2 es olor
- 3 es textura
- 4 es el color
- 5 es el peso
- 6 es la forma

Pide a uno de los miembros de la familia que dé la vuelta a una hoja de papel y tire el dado. Si, por ejemplo, sacan un 2 y la palabra que aparece en la hoja es tonto, ¿a qué huele cuando alguien te llama tonto? Las respuestas a estas preguntas variarán según la edad. Los niños más pequeños pueden decir algo como: "Huele a caca cuando alguien me llama tonto". Los niños mayores pueden ser más elocuentes. Por ejemplo, si sacan un 5 y tienen la palabra amable, pueden decir que siente como el peso de 1.000 libras al sentirse en la obligación de volver a ser amables.

Además de trabajar su creatividad, este juego les ofrece una nueva forma de expresarse. Puede añadir otro dado e incluir brillo, sonidos o temperatura al juego a medida que vayan mejorando.

Escríbelo

Escribir un diario es una poderosa herramienta para ayudar a sus hijos a expresarse emocionalmente. A veces, la única manera de saber cómo se siente uno de verdad es escribir lo primero que le venga a la mente. La gente suele sorprenderse de lo que sale en el papel cuando no está demasiado obsesionada con sus emociones.

Dé a su hijo la posibilidad de elegir entre guardarse su diario para sí mismo o dejar que usted lo lea al final del día.

Capítulo 3: El arte de escuchar activamente

Contrariamente a lo que mucha gente piensa, saber escuchar no es algo natural en los niños. Aunque pueda parecer algo básico, los niños suelen tener dificultades para escuchar activamente y prestar atención a una conversación porque suelen estar distraídos y sobreestimulados. Con todos los aparatos y la tecnología reclamando su atención, no es de extrañar que a los niños a veces les cueste centrarse en las conversaciones. Esto puede dar lugar a malentendidos y conflictos. Por ejemplo, puede que esté hablando con su hijo sobre los planes para el fin de semana, pero él está tan concentrado en su juguete favorito que sus palabras parecen desvanecerse en el aire. Es como si hablara otro idioma, y no puede evitar decir: " Solo quiero que me escuches". Lo que no entiende es que su hijo no sabe comportarse de otra manera. Si nunca le han enseñado a escuchar activamente, su capacidad de comunicación siempre se resentirá y los conflictos serán aún más difíciles de gestionar. La escucha activa no consiste solo en "escuchar". Consiste en prestar toda su atención al interlocutor e intentar por todos los medios comprender e interpretar lo que la otra persona intenta transmitir. En la escucha activa se utilizan señales verbales y no verbales.

La escucha activa no consiste solo en "escuchar"
https://www.pexels.com/photo/children-with-her-students-holding-different-color-bells-8535230/

Por qué es importante escuchar activamente

Enseñar a su hijo a escuchar activamente tiene muchas recompensas. No solo tendrá un buen rendimiento académico, sino que también se le dará muy bien hacer amigos y encontrar soluciones a los problemas. Además, ser un buen oyente demuestra que tiene un corazón de oro y que está totalmente comprometido. Si espera que sean líderes en el futuro, la escucha activa será su trampolín. Algunos de los beneficios de la escucha activa son:

- Aumento de la productividad
- Mayor confianza en sí mismo
- Ritmo de trabajo más rápido
- Mayor ingenio
- Menos malentendidos

Escucha activa frente a escucha pasiva

¿Alguna vez ha intentado hablar con su hijo y ha tenido la sensación de que su atención estaba en otra parte? Eso es escuchar pasivamente: Oyen las palabras, pero no captan nada. Cuando están así, la información les entra por un oído y les sale por el otro. La escucha activa es la mejor alternativa. Para escuchar activamente, hay que comprender el argumento que el otro intenta exponer, en lugar de limitarse a oírlo.

Cinco pasos para escuchar activamente

Puede enseñar a sus hijos a escuchar activamente siendo usted mismo un oyente activo. Cuando se lo demuestre, entenderán lo valioso que es. Mejore su capacidad de escucha activa y la de sus hijos con estos 5 consejos:

• Mantener el contacto visual

Mantener el contacto visual da la impresión de ser digno de confianza, amable, sociable, honesto, seguro de sí mismo y atento. Concentrarse en los ojos puede aumentar su atención y ayudarle a captar mejor las palabras del orador.

• No interrumpa

Deje espacio al orador para que termine sus ideas antes de intervenir con su respuesta. Evite interrumpirle, terminar sus frases o meterle prisa. No intente adivinar o suponer hacia dónde se dirigen sus pensamientos, ya que esto puede dificultar una comunicación eficaz.

• Haga preguntas

Una forma eficaz de demostrar que escucha atentamente y de garantizar una comprensión precisa es formular preguntas concretas sobre lo que se está diciendo. Esto no solo ayuda a aclarar cualquier duda, sino que también demuestra un interés genuino. Aquí tiene cuatro tipos de preguntas que puede probar:

o **Abiertas:** Fomentan debates más detallados.

Por ejemplo: "¿Puedes contarme más cosas sobre tu día en el colegio?

o **Cerradas:** Buscan respuestas concretas.

Por ejemplo: "¿Has terminado los deberes?".

o **Dirigidas:** Orientan la respuesta en una dirección determinada.

Por ejemplo: "¿Te parece que tienes demasiados deberes?".

o **Reflexivas:** Inducen a profundizar.

Por ejemplo: "Has mencionado que las matemáticas son tu asignatura favorita; ¿qué las hace tan interesantes para ti?".

Utilizar este tipo de preguntas ayuda a establecer una conexión más fuerte y pone de relieve su compromiso genuino con la comprensión del punto de vista del interlocutor.

• **Repita lo que dice el interlocutor**

Una forma útil de asegurarse de que ha captado el mensaje del orador es reformularlo con sus propias palabras. Esto confirma su comprensión y le permite captar los puntos principales. Al resumir los elementos clave, demuestra una implicación activa y permite al orador corregir cualquier malentendido.

• **Escuchar para captar todo el sentido**

Cuando alguien se comunica, hay que tener en cuenta dos aspectos principales: Lo que dice (el contenido) y las emociones o actitudes que lo acompañan. Ambos elementos son importantes y añaden profundidad al mensaje. Por eso, a la hora de escuchar, es esencial fijarse tanto en las palabras como en los sentimientos subyacentes. A veces, más que la información textual, el verdadero significado del mensaje se capta mejor a través de las emociones transmitidas.

Poniendo en práctica estas sugerencias, usted y su hijo adquirirán rápidamente las habilidades fundamentales necesarias para convertirse en mejores oyentes activos. Utilizando conjuntamente estas estrategias, podrá ayudar a su hijo a desarrollar una mejor capacidad de escucha.

Actividades de escucha activa

Enseñar a su hijo a ser un oyente activo predicando con el ejemplo es solo el principio. Para desarrollar y mejorar realmente estas habilidades, la práctica es fundamental. He aquí algunas actividades divertidas que le ayudarán a cultivar y perfeccionar la capacidad de escuchar de su hijo:

• **La hora del cuento:** Anime a su hijo a hacer predicciones mientras le lee cuentos. Durante este ejercicio, se les anima a prestar mucha atención a los detalles, lo que le ayudará a desarrollar conjeturas racionales.

Su hijo puede hacer predicciones sobre un cuento mientras lo leen juntos
https://www.pexels.com/photo/man-in-blue-crew-neck-t-shirt-reading-book-9345612/

- **Representar el cuento:** Por turnos, represente con su hijo las distintas partes del cuento después de leerlo. Déjele predecir e imaginar cómo reaccionarán los personajes. Esto no solo fomenta su capacidad de escuchar, sino también el pensamiento creativo.

- **Cocinar juntos:** Involucre a su hijo en el proceso de cocinar. Léale la receta en voz alta y pídale que siga cada paso con precisión.

  - **Compartan intereses:** Entable conversaciones sobre temas que intriguen a su hijo. De este modo, tienen la oportunidad de practicar el habla y la escucha en conversaciones reales.

  - **Juego del teléfono:** Involucre a varias personas para que este juego sea divertido. Susurre una frase de una persona a otra, pasándosela hasta que llegue a la última. Compare la frase original con la versión final para ver cómo ha cambiado.

  - **Intercambio de preguntas:** Colabore con su hijo para crear una lista de preguntas para que se las haga a usted o a un hermano. Después de responder, desafíense mutuamente a recordar el mayor número posible de respuestas y, a continuación, cambien los papeles y evalúen la actuación de la otra persona.

  - **Detecte el cambio:** Juegue a "detectar el cambio" leyendo un cuento a su hijo y volviéndolo a leer con modificaciones. Anímele a aplaudir o a levantar la mano cada vez que note un cambio.

  - **Siga las instrucciones:** Proporcione instrucciones breves y sencillas y haga que su hijo las siga para crear dibujos basados en lo que oye.

Desarrollar la capacidad de escuchar exige dedicación y concentración. Mediante ejercicios de escucha activa, los niños pueden mejorar su capacidad de comunicación y cultivar una valiosa habilidad para toda la vida.

Desarrollar la capacidad de escuchar exige dedicación y concentración
https://www.pexels.com/photo/kids-holding-colorful-balls-while-listening-to-their-teacher-8535234/

Ejemplo 1 de escucha activa

Como el partido de béisbol de su hijo empieza a las seis, no tendrá mucho tiempo para ayudarles a prepararse para el partido y, al mismo tiempo, tendrá que supervisar su estudio y cocinar también. Se pone a cocinar la cena en medio del alboroto mientras los niños juegan. De repente oye el llanto de su hijo. Se le acerca y le dice que su hermano le ha dado una bofetada y le ha gritado. Aunque una parte de usted quiere seguir cocinando mientras asiente con la cabeza, decide escuchar activamente y demostrar a su hijo que está totalmente concentrada. Deja de hacer lo que está haciendo, se gira hacia él, establece contacto visual y repite su historia junto con sus evidentes emociones. Comenta: "Parece que las palabras y acciones de tu hermano te han disgustado". Hacer esto demuestra a su hijo que usted está realmente allí y le presta atención. Usted valora sus sentimientos y emociones para que se sienta importante y le comprenda mejor.

Ejemplo 2 de escucha activa

Su hija está llorando cuando usted la recoge de preescolar. Dice que su amigo le ha robado su juguete favorito y se ha reído de ella sacándole la lengua. Usted le responde: "Parece que estás triste porque tu amigo te ha robado tu juguete favorito", para demostrarle que le ha prestado atención. Ella sigue llorando mientras asiente con la cabeza. Continúa preocupada porque su amiga podría hacerle daño al juguete. Usted sigue utilizando una estrategia de escucha activa mientras reconoce sus sentimientos y le pregunta: "Así que lo que te preocupa es que puedan estropear tu juguete". El malestar de su hija empieza a disminuir un poco con el tiempo. A medida que hablan, entiende que es normal sentirse triste. Este contacto es fundamental en su desarrollo emocional porque le enseña el valor de expresar y gestionar sus sentimientos.

Reflexione para demostrar que le escucha

La reflexión es útil para demostrar a su hijo que está prestando atención a lo que dice. Puede hacerlo reafirmando sus afirmaciones o resumiendo y clasificando sus sentimientos.

Reflexiones de palabras

Con las reflexiones de palabras, reconoce la expresión de su hijo y le anima a seguir comunicándose. No tiene que repetir sus palabras exactas, pero su respuesta suele parecerse mucho a la suya. Puede añadir detalles, simplificar o hacer correcciones. A continuación, un ejemplo:

Niño: "He dibujado unos sghetti".

Respuesta de los padres: "Así que dibujaste *espaguetis* largos".

En este caso, el padre aclara la pronunciación, mejora la sintaxis y proporciona información adicional refiriéndose a los espaguetis como "largos".

Reflexión sobre las emociones

Observar el comportamiento de su hijo y articular los sentimientos que parece estar sintiendo son dos componentes de la reflexión emocional. Esto fomenta la idea de que hablar de los sentimientos es completamente normal y enseña a su hijo el lenguaje de las emociones. Aunque no siempre sea fácil expresar los sentimientos, aquí tiene algunas pautas que le ayudarán:

1. Adivine. Aunque no esté seguro

Habrá ocasiones en las que no esté seguro de las emociones de su hijo. Por ejemplo, su hijo puede estar sollozando, pero usted no está seguro de si está disgustado, asustado o triste. Cuando esto ocurra, asegúrese de reconocerlo diciéndole algo como: "Parece que te molesta algo". Hablar con su hijo puede ayudarles a ambos a descubrir sus sentimientos, ya que es posible que no siempre sean conscientes de ellos.

2. Las palabras no son necesarias todo el tiempo

Puede comunicarle que es consciente de las emociones de su hijo sin pronunciar una palabra. Simplemente estando presente mientras su hijo está disgustado o manteniendo una cercanía física y ofreciéndole consuelo puede transmitirle su comprensión.

3. No siempre hay que estar de acuerdo

Resumir o etiquetar los sentimientos de su hijo puede ser difícil si usted cree que debería reaccionar de otra manera. Sin embargo, instar a su hijo a que deje de sentirse de una determinada manera no demuestra sus esfuerzos por comprender sus emociones. En su lugar, entable conversaciones que ayuden a su hijo a gestionar y comprender sus sentimientos.

4. Hable de otros sentimientos

Los niños suelen experimentar una mezcla de emociones simultáneamente. Por ejemplo, su hijo puede sentirse triste y asustado a la vez. Exprese su preocupación tanto por las expresiones externas como por los posibles sentimientos internos hablando de todas las emociones que pueda estar experimentando.

Cuando practique la escucha activa, es normal que se preocupe por no acertar con las emociones de su hijo. Pero no se preocupe demasiado. A menudo, los niños le hacen saber si no ha entendido bien. Si su hijo le corrige, es una oportunidad para aprender juntos. Piense en lo que dice y hable más de ello. Así aprenderá más palabras para expresar sus sentimientos y se expresará mejor.

Capítulo 4: Desarrollar la inteligencia emocional

La mayoría de los niños no son muy buenos en lo que se refiere a inteligencia emocional. A muchos les cuesta regular sus emociones e incluso reconocer las señales emocionales. Estas habilidades no son naturales para nadie, y mucho menos para los niños pequeños. Su deber como padre es enseñar a sus hijos lo que son los sentimientos y las emociones y cómo manejarlos sanamente. La capacidad de un joven para expresar y regular sus emociones y sentimientos, mostrando al mismo tiempo consideración por los demás, es lo que significa la inteligencia emocional. La inteligencia emocional también incluye una cantidad significativa de empatía y compasión. Los cinco componentes de la inteligencia emocional abarcan tanto la faceta individual como la social:

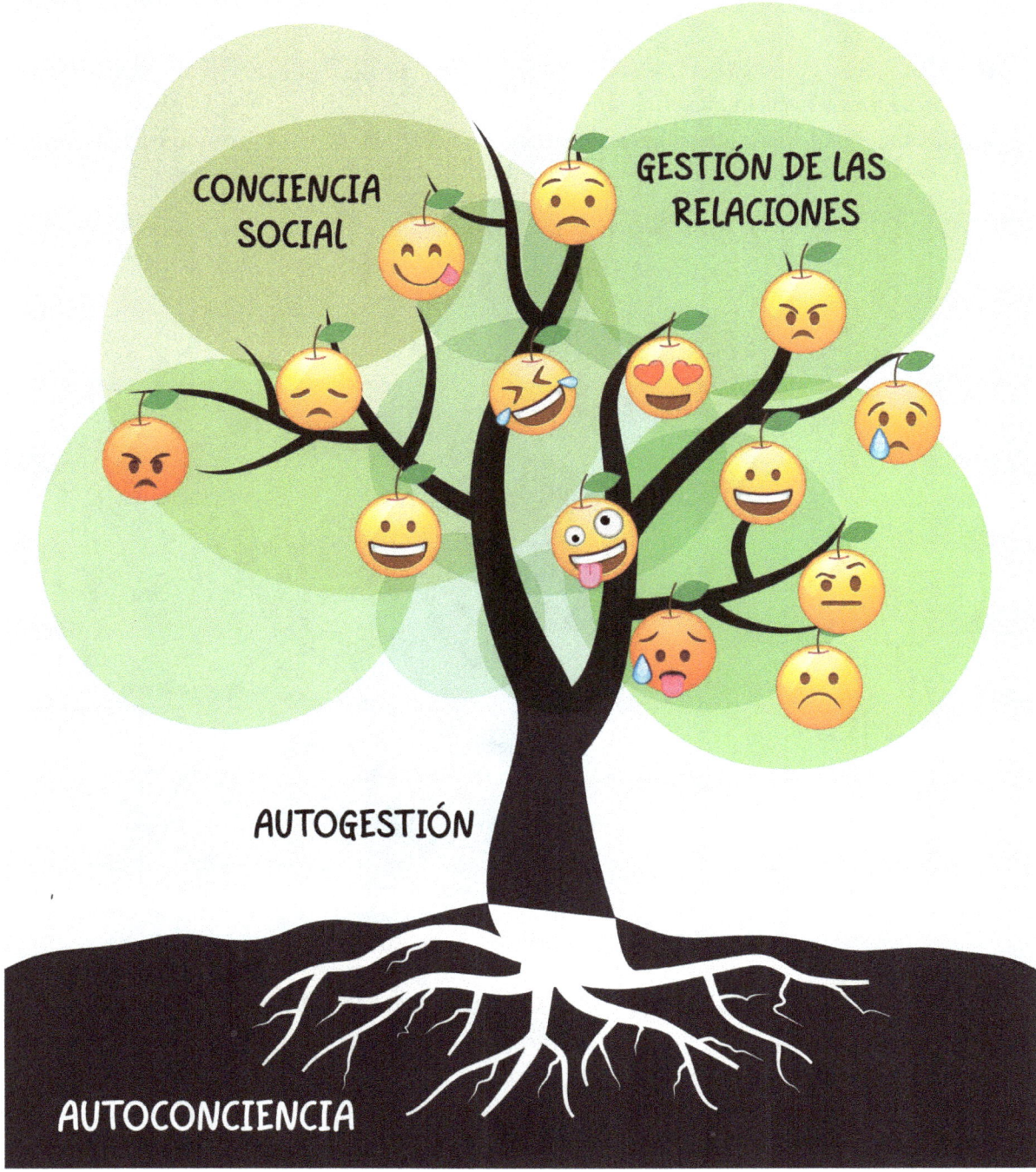

ÁRBOL DE LA INTELIGENCIA EMOCIONAL

CONCIENCIA SOCIAL

GESTIÓN DE LAS RELACIONES

AUTOGESTIÓN

AUTOCONCIENCIA

1. La autoconciencia se refiere a la capacidad de una persona para comprender sus emociones, reconocer sus puntos fuertes y débiles y captar su impacto en sí misma y en quienes la rodean.

2. La autorregulación, o autogestión, se refiere a su aptitud para controlar sus emociones, navegar a través de períodos de cambio o estrés, manejar conflictos y demostrar adaptabilidad y flexibilidad.

3. La automotivación implica poseer la determinación interior para cumplir sus exigencias y aspiraciones.

4. La conciencia social se refiere a la capacidad de una persona para empatizar con las emociones y necesidades de los demás.

5. Las habilidades sociales abarcan diversas capacidades, como la comunicación asertiva y la escucha activa, que facilitan la interacción y el compromiso efectivos con los demás.

Es su deber como padre enseñar a sus hijos sobre sentimientos y emociones y cómo tratarlos de forma saludable
https://www.pexels.com/photo/photograph-of-a-therapist-showing-emotions-to-a-child-7447266/

Cómo ayuda la inteligencia emocional a resolver conflictos

La inteligencia emocional no es solo algo que se necesita cuando se es mayor; es una habilidad que debe desarrollarse desde una edad temprana.

Hace que su hijo tenga un mejor rendimiento académico y le ayuda a conectar mejor con los demás, ya sean amigos, compañeros de clase, profesores o familiares. Seguramente se estará preguntando cómo ayuda esto a resolver conflictos y discusiones. Pues bien, los conflictos surgen a causa de malentendidos y de una comunicación poco clara. Las discusiones pueden resolverse fácilmente si alguien es lo suficientemente hábil como para reconocer y etiquetar sus emociones en lugar de actuar sobre ellas sin pensar.

Por ejemplo, supongamos que su hijo se ha metido en una discusión con un compañero de clase y la cosa va a más. Si no es emocionalmente inteligente, no reconocerá que lo que siente es rabia y frustración. Como resultado, actuarán según sus impulsos más bajos y podrían empezar una pelea. Ahora imagine que supieran regular sus emociones de forma saludable: Reconocerían lo que están sintiendo en ese momento y probarían algunas técnicas para calmar su ira.

La inteligencia emocional combinada con buenas habilidades de comunicación es todo lo que su hijo necesita para ganar discusiones y resolver situaciones difíciles. La ventaja es que la inteligencia emocional se puede enseñar a todos los niños. Lo único que necesitan es un profesor. Esto es lo que debe hacer:

- **Etiquetar sus emociones**

Los niños se benefician enormemente de aprender a reconocer y etiquetar sus emociones. Puede ayudar a su hijo enseñándole a identificar sus sentimientos, sobre todo cuando tenga una idea de lo que puede estar sintiendo.

Por ejemplo, puede decirle: "Parece que ahora estás muy enfadado. Puede que estés enfadado por haber perdido un juego o por tener que compartir un juguete. Así es como te sientes, ¿verdad?". Si parece abatido, puede preguntarle: "¿No será que te sientes decepcionado porque hoy no podremos visitar a tus abuelos?".

Las palabras que reflejan emociones, como "tímido", "enfadado", "dolido" y "disgustado", pueden enriquecer el vocabulario de su hijo y ayudarle a comunicar sus sentimientos. Tampoco olvide incluir palabras con emociones positivas como "alegre", "emocionado", "ilusionado" y "esperanzado". Ayude a su hijo a identificar las distintas emociones utilizando la tabla de sentimientos que se proporciona.

- **Sea empático**

Cuando su hijo está disgustado, puede resultar tentador restar importancia a sus sentimientos. Sin embargo, hacer comentarios despectivos puede transmitir que sus emociones no son válidas.

Aunque no comprendas del todo por qué está tan disgustado, es preferible que reconozcas sus emociones y demuestres empatía hacia él. Diga algo como: "Entiendo lo que significa sentirse de cierta manera cuando las cosas no salen como queremos", si su hijo está llorando porque le ha dicho que tiene que limpiar su habitación antes de ir al parque.

Cuando su hijo reconoce que usted comprende de verdad sus sentimientos internos, es menos probable que recurra a manifestaciones externas de emoción. En lugar de gritar o llorar para expresar su enfado, le reconfortará saber que usted ya es consciente de cómo se siente.

- **Sea un modelo a seguir**

La diferencia entre adultos y niños es que los adultos saben expresar sus emociones de una manera socialmente aceptable, mientras que los niños tienden a soltar lo que sienten de cualquier manera posible. Por ejemplo, cuando los niños tienen una rabieta, suelen empezar a pegarse a sí mismos o a cualquiera que esté a su alrededor. Este comportamiento rebelde no puede durarles toda la vida, sobre todo cuando se encuentran con conflictos. Por eso es crucial enseñarles a comunicar lo que sienten de forma sana y socialmente aceptable. Incluso decir "estoy enfadado" o poner cara de pena puede ser beneficioso, a diferencia de gritar y lanzar cosas, que es un comportamiento inadecuado.

El método más eficaz para enseñar a su hijo a comunicar sus sentimientos es hacerlo usted mismo. Empiece a utilizar un vocabulario de emociones en sus conversaciones diarias y practique hablar abiertamente de los sentimientos. Podría decir: "Me siento frustrado cuando veo que no son amables en el patio de recreo" o "Me siento alegre cuando vienen nuestros amigos a cenar".

• Enseñe habilidades de afrontamiento saludables

Después de enseñar a su hijo a identificar sus emociones, debe guiarle sobre cómo manejarlas de forma saludable. Tienen que ser capaces de relajarse, mejorar su estado de ánimo y enfrentarse a sus miedos. Para ello, puede enseñarle distintas técnicas, sobre todo de respiración, que le ayuden a controlar sus emociones. Incluya cosas como libros para colorear, música relajante y lociones perfumadas. Estos artículos estimularán sus sentidos y les ayudarán a calmarse. Recuérdele que utilice su kit para calmarse cada vez que no esté contento.

• Desarrollar habilidades para resolver problemas

Aprender a resolver problemas es un componente esencial de la inteligencia emocional. Una vez que su hijo domine el etiquetado y el tratamiento de sus emociones, es hora de enseñarle a resolver el problema subyacente que dio lugar a esas emociones desafiantes en primer lugar. Esto será especialmente útil cuando su hijo se enfrente a un conflicto. Supongamos que su hijo se siente frustrado porque su hermano le interrumpe cuando están jugando. Ayúdele a pensar en al menos cinco soluciones. No hace falta que los conceptos sean perfectos. El objetivo es que hagan una lluvia de ideas. Una vez que hayan hecho la lista, ayúdele a evaluar las ventajas y desventajas de cada opción. A continuación, anímele a elegir la que le parezca mejor.

Actividades de inteligencia emocional

• Charadas sobre las emociones

Las charadas sobre las emociones puede ser un juego divertido y atractivo para los niños. Les enseña las distintas emociones y las expresiones faciales que las acompañan. De este modo, su hijo puede explorar cómo expresar sus emociones. Puede utilizar tarjetas para esta actividad.

EMOCIONES PARA LA CHARADA

FELIZ

TRISTE

ENFADADO/A

CONMOCIONADO/A

ENAMORADO/A

ABURRIDO/A

LLORANDO

CONFUSO/A

CANSADO/A

- Dibujar emociones

Una de las actividades más sencillas y eficaces para que su hijo aprenda a identificar las distintas emociones es dibujarlas. Pídales que dibujen y coloreen caras con distintas emociones. Para los más pequeños, estos dibujos pueden ser tan sencillos como emojis, pero para los mayores es preferible dibujar con el mayor detalle posible.

DIBUJO DE EMOCIONES

- **Pictionary de emociones**

El Pictionary es un juego divertido tal y como es, pero si añade emociones a la mezcla, tendrá una gran actividad educativa. Puede jugar a este juego con su hijo o dejar que juegue con sus amigos. Cada jugador debe hacer un dibujo y los demás deben adivinar la emoción. Utilice las tarjetas de vocabulario para los dibujos.

PICTIONARY DE EMOCIONES

FELICIDAD	TRISTEZA	ENOJO
MIEDO	SORPRESA	DESCONFIANZA
EXCITACIÓN	AMOR	ANSIEDAD
CONFIANZA	DESCONFIANZA	ODIO
ALEGRÍA	MIEDO	DOLOR
CURIOSIDAD	SORPRESA	GRATITUD
ORGULLO	COMPASIÓN	VERGÜENZA
PENA	CANSANCIO	ENTUSIASMO

• **Ficha del detective de emociones**

Haga que su hijo imagine que es un detective de emociones. Pídale que mire cada una de las situaciones que aparecen a continuación y que elija la emoción que mejor coincida con cómo se podría estar sintiendo la persona. A continuación, deben hacer un dibujo que muestre esa emoción.

• **Escenario:** Jenny ha perdido su juguete favorito.

Emoción:

- Triste
- Enfadada
- Alegre
- Sorprendida

Dibuja la emoción:

• **Escenario:** Tom está a punto de subirse a una divertida montaña rusa.

Emoción:

- Emocionado
- Asustado
- Tranquilo
- Orgulloso

Dibuja la emoción:

• **Escenario:** María ha recibido un premio especial por su buen comportamiento.

Emoción:
- Alegre
- Triste
- Nerviosa
- Orgullosa

Dibuja la emoción:

• **Escenario:** Alex ha roto accidentalmente un plato.

Emoción:

- Enfadado
- Sorprendido
- Triste
- Emocionado

Dibuja la emoción:

• **Escenario:** ¡Es hora de abrir los regalos de cumpleaños!

Emoción:

- Emocionado/a
- Nervioso/a
- Tranquilo/a
- Triste

Dibuja la emoción:

- **Escenario:** Sarah va a ir a un colegio nuevo por primera vez.

Emoción:

- Nerviosa
- Feliz
- Enfadada
- Asustada

Dibuja la emoción:

• **Escenario:** El mejor amigo de Jake se muda.

Emoción:

- Triste
- Emocionado
- Orgulloso
- Enfadado

Dibuja la emoción:

- **Escenario:** Emily vio un regalo sorpresa esperándola.

Emoción:

- Sorprendida
- Tranquila
- Feliz
- Miedo

Dibuja la emoción:

Recuerda que cada persona puede sentir emociones diferentes en la misma situación. Piensa en cómo se puede sentir cada persona y diviértete dibujando sus expresiones.

- **Diario de sentimientos**

Llevar un diario es una técnica maravillosa para navegar por las emociones y fomentar la inteligencia emocional. Pídale a su hijo que se tome unos minutos cada día para reflexionar sobre sus experiencias. Esta práctica puede mejorar considerablemente la capacidad de los niños para conectar con los demás. He aquí algunas sugerencias para el día a día con las que pueden empezar:

1. Reflexione sobre cómo se ha sentido hoy. ¿Se ha sentido feliz, triste, emocionado o de otra manera? Escriba por qué cree que se sintió así.

2. Escriba sobre un momento en el que se enfrentó a un reto. ¿Cómo se sintió? ¿Qué hizo para superarlo?

3. Recuerde algo que hizo por alguien o algo amable que alguien hizo por usted. ¿Cómo le hizo sentir? ¿Por qué es importante la amabilidad?

4. Piense en un momento en el que se sintió realmente bien. Describa ese momento y por qué le hizo sentir tan feliz.

5. Piense en un momento en el que se haya sentido mal. ¿Qué hizo para calmarse? ¿Le ayudó hablar con alguien? ¿Cómo podría afrontarlo de otra manera la próxima vez?

6. Describa algo nuevo que haya probado recientemente. ¿Cómo se sintió antes, durante y después? ¿Qué aprendió de esta experiencia?

7. Imagine que está en el lugar de otra persona. Escriba sobre una situación desde su perspectiva. ¿Cómo podría sentirse? ¿Qué podría hacer para ayudarle?

8. Recuerde un momento especial que le haga feliz. Descríbalo con detalle y explique por qué es significativo para usted.

9. Enumere actividades que le hagan sentir feliz y tranquilo. Elija una para hacer hoy y describa cómo le hizo sentir después.

• **Detecta la emoción**

Tome una revista o un álbum de fotos y vea cuántas emociones diferentes puede identificar su hijo. Anímele a que identifique y describa cada emoción específica que encuentre. ¿Cómo interpretaron y entendieron cada emoción que encontraron?

• **Soluciones**

En cada situación, pídale a su hijo que piense en cómo afrontar sus sentimientos y mejorar el conflicto.

Situación 1: Tú y tu amigo quieren usar los mismos materiales de arte.

Solución:

Situación 2: Tu hermana pequeña ha arrancado sin querer una página de tu libro favorito.

Solución:

Situación 3: Tu mejor amigo y tú han tenido una discusión.

Solución:

Situación 4: Estás nervioso por hacer una presentación delante de la clase.

Solución:

Situación 5: Estás esperando tu turno para jugar a un juego y está tardando mucho.

Solución:

Recuerde que las soluciones de afrontamiento son herramientas que puede utilizar para manejar situaciones difíciles. Si piensa con antelación y se le ocurren formas de afrontarlas, puede hacer que los conflictos sean más fáciles de manejar para su hijo.

La inteligencia emocional no es solo cosa de adultos. Los niños también pueden beneficiarse de ella. Imagine la resolución de conflictos como un puzzle. Cuando los niños tienen buenas aptitudes emocionales, pueden entender sus sentimientos y averiguar cómo se sienten los demás; así, pueden escuchar, pensar y hablar con amabilidad cuando surgen desacuerdos. Esto les ayuda a resolver problemas y mantener amistades.

Capítulo 5: Guía paso a paso de la negociación y el compromiso

Las discusiones y los conflictos son tan frecuentes entre los niños que a veces uno se pregunta por qué no dominan ya el arte de la negociación o, al menos, aprenden a ceder. Como todo lo demás, estas habilidades deben ser enseñadas a los niños por sus padres. No solo les ayudarán durante su infancia, sino que también sentarán las bases de cómo reaccionarán ante cualquier conflicto que tengan en el futuro. Aunque quiera que su hijo sea comprensivo y complaciente, tampoco quiere que sea tan complaciente que se convierta en un felpudo. Hay una línea muy fina entre el compromiso y el comportamiento complaciente. Si no enseña a su hijo la diferencia entre ambas cosas, acabará convirtiéndose en un pusilánime. Aquí es donde entra en juego la negociación. Aprender a negociar ayuda a los niños a descubrir cómo compartir y tomar decisiones justas. Los niños empiezan a practicar estas habilidades muy pronto, por ejemplo, eligiendo juegos con sus amigos o acordando quién jugará con los juguetes nuevos. A veces, esto implica discusiones y peleas, sobre todo con hermanos o amigos. Para que aprendan a negociar pacíficamente, puede enseñarles mejores formas de hablar y de entenderse.

Seguro que ha oído historias sobre estudiantes universitarios de primer año cuyos padres intervienen para negociar por ellos en cuanto se enfrentan a retos o decepciones. Independientemente de que la "paternidad helicóptero" sea tan común como sugieren los medios de comunicación, muchos padres quieren que sus hijos aprendan a valerse por sí mismos. Esto es especialmente importante para las niñas, que pueden sentirse presionadas a seguir siempre la corriente de las demás. Aunque las escuelas enseñan a los niños a resolver conflictos, no siempre les enseñan a negociar con eficacia. Estas habilidades pueden ayudar a los niños a pedir lo que necesitan y evitar problemas. Incluso los niños pequeños pueden entender ideas básicas de negociación, como pensar qué hacer si no consiguen lo que quieren y encontrar formas de contentar a ambas partes. Para enseñarles a negociar, explíqueles que se trata de un proceso pacífico en el que ambas partes se tratan bien, nadie se ve obligado a nada y todos se sienten bien con el resultado. En lugar de limitarse a hablarles, pruebe formas más sutiles como:

• **Juego de rol de compartir entre hermanos**

Imagine que usted y su hermano quieren el mismo caramelo y que solo queda uno. Tienen que trabajar juntos para encontrar una manera justa de compartirlo.

Piensen por qué los dos quieren el caramelo. Escriban sus razones. Por ejemplo, pueden escribir: "Quiero el caramelo porque es mi sabor favorito" o "Quiero el caramelo porque he tenido un día duro".

Razones:

1. _____
2. _____
3. _____

Soluciones:

Piense en tres formas diferentes de compartir el caramelo. Por ejemplo:

- Cada uno se come la mitad.
- Se intercambia otra cosa por el caramelo.
- Se turnan para tenerlo durante un tiempo determinado.
- _____
- _____
- _____

Represente cada solución con su hermano. Túrnense y discutan qué opción les parece más justa. Elijan la solución que ambos consideren la más justa y expliquen por qué. Escriban su decisión final y cómo se sienten al respecto.

Decisión:

Reflexiones:

- ¿Ha sido difícil llegar a un acuerdo? ¿Por qué sí o por qué no?

- ¿Qué han aprendido sobre cómo negociar y compartir?

- ¿Cómo podrían utilizar estas habilidades en otras situaciones?

Recuerde que negociar consiste en encontrar una solución que haga que todos se sientan bien.

• Juego de rol de un proyecto de equipo

Imagine que usted y sus amigos tienen que trabajar juntos en un proyecto de equipo, pero todos tienen ideas diferentes. La clave está en negociar y colaborar para crear un producto final sorprendente que combine las aportaciones únicas de cada uno. Formen pequeños equipos de 3-4 personas. Cada miembro del equipo tendrá una función diferente en el proyecto. Conceda a cada miembro del equipo unos minutos para desarrollar sus ideas para el proyecto. Haga que cada miembro del equipo comparta sus ideas con el grupo. Discutan los pros y los contras de cada idea y cómo podrían combinarse para hacer algo aún mejor.

Decidan en equipo el concepto principal del proyecto. Cada miembro del equipo debe aportar sus ideas y estar dispuesto a comprometerse. Divida las tareas necesarias para completar el proyecto entre los miembros del equipo. Trabajen juntos para hacer realidad el proyecto. Comuníquense abiertamente, compartan ideas y tomen decisiones en equipo. Si surgen desacuerdos, utilicen las habilidades de negociación para encontrar soluciones con las que todos estén de acuerdo. Una vez finalizado el proyecto, preséntelo al resto del grupo. Expliquen cómo colaboraron, se comprometieron y combinaron sus ideas para crear un producto final unificado.

Reflexiones:

- ¿Cómo se sentía al negociar y colaborar?

- ¿Cuáles fueron los retos a los que se enfrentaron y cómo los superaron?

- ¿Qué aprendieron sobre el trabajo en equipo y la valoración de los distintos puntos de vista?

• **Aprendizaje basado en juegos**

    o **Monopolio:** Un juego de mesa clásico que requiere que los jugadores negocien intercambios y tratos de propiedad e incluso formen alianzas para tener éxito.

El monopolio puede enseñar a su hijo a negociar
https://unsplash.com/photos/IumYoHVeSmI?utm_source=unsplash&utm_medium=referral&utm_content=creditShareLink

    o **El juego de la vida:** Este juego consiste en tomar decisiones sobre la carrera profesional, la familia y las finanzas, y a menudo requiere que los jugadores negocien o lleguen a acuerdos.

    o **Pictionary:** Los niños trabajan en equipo para dibujar y adivinar palabras, fomentando las habilidades de negociación y comunicación.

○ **Juegos de escape room:** Participe en rompecabezas de escape room aptos para niños que requieren trabajo en equipo, negociación y resolución de problemas.
- • Pulgares arriba, pulgares abajo

Escenario de negociación:

_____

_____

_____

Pulgares arriba:

(Encierre en un círculo o escribe los aspectos que fueron buenos)

- • Comunicación eficaz
- • Compromiso
- • Comportamiento respetuoso
- • Comprensión de puntos de vista diferentes
- • Resolución de problemas

Pulgares abajo:

(Encierre en un círculo o escriba las áreas a mejorar)

1. Falta de paciencia
2. Ignorar ideas
3. Enfadarse
4. No ceder
5. Interrumpir

Estrategias de mejora:

(Escriba al menos una estrategia para cada uno de los aspectos)

Falta de Paciencia:

Estrategia: _____

Ignorar ideas:

Estrategia: _____

Enfadarse:

Estrategia: _____

No transigir:

Estrategia: _____

Interrumpir:

Estrategia: _____

Preguntas de reflexión:

1. ¿Qué sintió al reflexionar sobre su experiencia de negociación utilizando "pulgares arriba, pulgares abajo"?

_____

2. ¿Qué estrategias cree que le ayudarán a ser un mejor negociador en el futuro?

_____

3. ¿Cómo puede aplicar estas técnicas de negociación a otros ámbitos de su vida, como la escuela o las amistades?

_____

- **Contar historias**

En esta actividad creará una historia en la que los personajes se enfrentan a un conflicto y deben negociar una solución. Después, discutirán las tácticas de negociación utilizadas y explorarán formas alternativas en que los personajes podrían haber resuelto el conflicto.

Paso 1: Preparar la escena

Piense en un conflicto para su historia. Puede tratarse de compartir, elegir un juego o cualquier otra situación en la que los personajes tengan deseos diferentes.

_____

_____

_____

_____

_____

_____

Paso 2: Creación de personajes

Cree dos personajes que vayan a participar en el conflicto. Deles nombres, edades y una breve descripción de sus personalidades.

Personaje 1	Personaje 2

Paso 3: Desarrollo de la historia

Escriba o cuente la historia de cómo los personajes se encuentran con el conflicto y cómo negocian para encontrar una solución. Sea creativo con los detalles y el diálogo.

Paso 4: Intercambio de ideas sobre las tácticas de negociación

Después de contar su historia, discuta las tácticas de negociación que utilizaron los personajes para resolver el conflicto. Hable de lo que salió bien y de lo que podría haberse hecho de otra manera.

Paso 5: Exploración de alternativas

Imagine formas alternativas en las que los personajes podrían haber negociado. ¿Y si hubieran intentado un enfoque diferente? Discuta cómo estas alternativas podrían haber afectado al resultado.

Paso 6: Representación de alternativas

Represente por turnos los escenarios alternativos de negociación. Interprete a los personajes e intente negociar utilizando las diferentes tácticas que ha discutido.

Paso 7: Reflexión y aprendizaje

¿Qué sintió al crear una historia sobre negociación y resolución de conflictos?

_____

¿Qué tácticas de negociación utilizaron eficazmente los personajes?

_____

¿Cómo cambiarían el desenlace de la historia los escenarios alternativos de negociación?

_____

¿Qué es el compromiso?

Llegar a un acuerdo consiste en encontrar un término medio o modificar su postura para llegar a un acuerdo. Algunos padres nunca cambian de opinión, algo que acaban modelando inadvertidamente para sus hijos. Sin embargo, a medida que los niños crecen, los padres deben estar dispuestos a negociar. Cuando los niños alcanzan la edad escolar, está bien que se discutan las normas. Si tanto usted como sus normas son justas, pueden hablar de ellas. Negociar no significa ser débil. De hecho, es fruto de la confianza en su autoridad. El objetivo de la negociación es la norma en sí, no su control parental. En lugar de exigir obediencia, es mejor decir: "Convénceme". Si tienen buenas razones, considere la posibilidad de cambiar la norma.

A veces, no debe ceder; por ejemplo, las malas palabras, la mentira y el robo _nunca deben ser negociables._ Los niños deben entender que ceder no significa renunciar a valores importantes por la paz. La forma en que usted muestra el compromiso en su relación les enseña sobre principios y su autoestima. Los niños empiezan a aprender a ceder cuando juegan, a menudo con sus hermanos. Pueden discutir por los juguetes, las películas, la ropa o los asientos del coche. Estas situaciones son habituales, y es natural que se sientan estresados. Su objetivo es ayudarles a manejar estas situaciones por sí mismos.

La personalidad también influye en la forma en que los niños afrontan los conflictos. Algunos son confiados y discuten, mientras que otros evitan los conflictos. Pero a medida que crecen, los niños tienen que aprender a llegar a acuerdos. Piense en todas las cosas que hace solo porque cree que debe hacerlas o en lo difícil que es decir "no" a los demás. Enseñar una forma sana de ceder es importante para convertirse en un adulto completo.

• Discutir es sano

En realidad, es sano que los niños discutan a veces. En lugar de hacerles callar, ayúdeles a aprender a discutir de forma positiva. Enséñeles a negociar sus puntos de vista. Por ejemplo, si quieren quedarse despiertos hasta tarde para ver un programa, anímeles a argumentar bien por qué deberían permitírselo. Deben explicar lo que quieren, por qué les parece razonable y en qué están dispuestos a ceder. Si su argumento tiene sentido, considere la posibilidad de abrirse a la negociación. Puede decir algo como: "Sabes, a veces está bien tener desacuerdos. Es una oportunidad para aprender y crecer". O: "Practiquemos hablando de por qué quieres algo y qué estás dispuesto a dar a cambio. Es una buena manera de encontrar puntos en común".

• Ganar-ganar

Debe adoptarse un enfoque en el que todos salgan ganando. Esto significa que ambas partes implicadas en la discusión deben estar dispuestas a renunciar a algo para conseguir lo que quieren. Por ejemplo, si dos niños discuten por un juguete, pueden turnarse para jugar con él o encontrar la manera de jugar juntos. O, si un niño elige hoy la película, puede que mañana tenga que ver la que ha elegido su hermano. Cuando ambas partes llegan a un acuerdo, se evitan rencores persistentes. Hable con su hijo y dígale algo parecido a: "Cuando tenemos ideas diferentes, es una oportunidad de encontrar una solución que funcione para los dos". O: "Elegir juntos puede ser muy divertido. Tú eliges hoy y ellos eligen mañana. Es una forma justa de hacer las cosas". O incluso: "Cuando ambas partes ceden un poco, todos se sienten felices y satisfechos".

• Empatía

La empatía es otro aspecto crucial. Aunque los niños se centran naturalmente en sus propios deseos y necesidades, deben desarrollar la comprensión de cómo sus acciones afectan a los demás. Cuando su hijo esté discutiendo, anímele a detenerse y pensar en la perspectiva de la otra persona: ¿Cómo afecta su deseo a la otra persona? ¿Qué puede estar sintiendo la otra persona? Pregúntele: "Imagina que tú estuvieras en su lugar. ¿Cómo te gustaría que te trataran?". O: "Cuando discutas, piensa en cómo puede afectar tu decisión a la otra persona. Es importante tener en cuenta también sus sentimientos".

Aprender a transigir es una habilidad que requiere práctica. Sin duda, los niños pueden beneficiarse enormemente de la orientación para gestionar sus emociones durante los conflictos, lo que en última instancia les permite encontrar un terreno común. Una vez que se les muestran ambas perspectivas, los niños aceptan de buen grado las concesiones mutuas, perdonan y siguen adelante.

1 Diga lo que siente utilizando enunciados.

2 ¡Escuche lo que tiene que decir la otra persona para averiguar lo que necesita o quiere.

3 ¡Es esto lo que quieren! Dígale lo que cree que quiere la otra persona para estar seguro de que lo entiende.

4 ¡Que les parece...! Piensen juntos en el mayor número posible de ideas que puedan aportar una solución al problema.

5 Póngasen de acuerdo sobre una solución.

6 Inténtelo. Si no funciona, ¡empiece de nuevo!

Capítulo 6: Del conflicto a la colaboración

La colaboración, o el enfoque ganador-ganador del conflicto, es quizás el mejor enfoque. Aunque cada persona tiene una preferencia diferente por la resolución de conflictos, no hay mejor manera de resolver un problema que asegurándose de que ambas partes salen satisfechas de él. Aunque el enfoque de compromiso promete resultados pacíficos, no tiene en cuenta la satisfacción interior de la persona. La mayoría de las personas que optan por este enfoque son complacientes con la gente, aunque hay excepciones.

Colaboración frente a compromiso

Colaborar significa trabajar juntos para encontrar soluciones que satisfagan a todos. En lugar de ceder un poco (transigir), la colaboración tiene en cuenta lo que realmente quiere cada persona. Cuando las personas colaboran, hablan abiertamente, se escuchan y piensan en nuevas ideas. Esto les ayuda a encontrar mejores respuestas que si trabajaran solos. No se trata de ganar o perder, sino de que todos se sientan bien con el resultado. La colaboración es estupenda porque ayuda a construir relaciones más sólidas y hace que la gente confíe más en los demás. Aunque puede que no funcione en todas las situaciones, cuando funciona, da lugar a soluciones creativas y a que todo el mundo se sienta satisfecho.

Cuando las personas colaboran, hablan abiertamente, se escuchan y piensan en nuevas ideas
https://www.pexels.com/photo/cheerful-group-of-teenagers-using-laptop-7869229/

Cambiar la actitud de su hijo de combativa a tranquila puede cambiar las reglas del juego a la hora de gestionar conflictos. Fomentar la colaboración y el trabajo en equipo dentro de la familia sentará las bases para obtener resultados positivos que beneficien a todos los implicados. Imagine la diferencia que supondría evitar esos tensos enfrentamientos y, en su lugar, trabajar juntos para encontrar soluciones que satisfagan tanto a usted como a su hijo. Supongamos que su hijo quiere quedarse despierto hasta tarde para ver su programa de televisión favorito, pero usted sabe que es importante que duerma lo suficiente. En lugar de discutir, puede cambiar la conversación y colaborar. Podría decir: "Entiendo que quieras ver tu serie y yo quiero que descanses lo suficiente. ¿Qué tal si encontramos una solución que ambos queramos, como ver la mitad ahora y el resto mañana cuando termines los deberes?". Este enfoque no solo aborda su deseo, sino que también tiene en cuenta sus responsabilidades.

Enseñar a su hijo a colaborar

Cuando fomenta la colaboración, está resolviendo conflictos inmediatos y moldeando las relaciones futuras de su hijo. Cuando aprendan que trabajar juntos y tener en cuenta los puntos de vista de los demás conduce a mejores resultados, trasladarán esta valiosa lección a sus interacciones fuera de la familia. Imagínese que su hijo no está de acuerdo con un amigo sobre la elección de un juego. En lugar de discutir, podría sugerir: "¿Qué tal si nos turnamos para elegir los juegos? Así los dos tendremos la oportunidad de jugar a algo que nos guste".

Además, el cambio del pensamiento combativo al colaborativo infunde respeto mutuo y comprensión en su hijo. Aprenden a apreciar que las opiniones de todos importan y que el compromiso puede ser una situación en la que todos salgan ganando. Como cuando ellos querían ir al parque y usted tenía otros planes. En lugar de enfadarse, podría proponer: "¿Podemos ir al parque hoy y hacer lo que sugeriste mañana?". Así aprenden a comunicar sus deseos sin dejar de tener en cuenta los suyos. Como padres, es natural querer lo mejor para los hijos. Enseñarles a abordar los conflictos en colaboración les proporciona una herramienta para construir relaciones sanas, una comunicación eficaz y empatía. Este cambio transforma su forma de afrontar los retos cotidianos y sienta las bases del éxito futuro de sus hijos en las interacciones personales y profesionales. He aquí algunas formas de ayudarles a adoptar el enfoque colaborativo cada vez que surja un conflicto:

• **Proyecto artístico en grupo**

En esta actividad, elaborará un tablero de ideas con la ayuda de sus amigos. Tendrán que compartir ideas, comprometerse y combinar sus estilos únicos.

Materiales necesarios:

- Revistas, periódicos o imágenes impresas
- Tijeras
- Pegamento o cinta adhesiva
- Cartel o un espacio designado para su tablero de ideas
- Rotuladores, lápices de colores u otros materiales decorativos

Instrucciones:

Reúna a sus amigos y decida un tema para su tablero de ideas. Aquí tiene algunas ideas temáticas que puede tener en cuenta:

1. La aventura le espera.
2. Mis superpoderes.
3. Maravillas de la naturaleza.
4. Futuras profesiones.
5. Amistad para siempre.

A continuación, siéntense juntos y compartan sus ideas sobre el tema elegido. Contesten a las siguientes preguntas individualmente y después discutan sus respuestas en grupo:

¿Qué significa este tema para usted?

_____

¿Qué imágenes, palabras y colores le vienen a la mente cuando piensa en este tema?

_____

¿Cómo podemos representar visualmente este tema en nuestro tablero de ideas?

_____

Anote las ideas temáticas de cada persona en la tabla que figura a continuación:

Nombre	Tema seleccionado

Después de debatir las ideas sobre los temas, voten en grupo para elegir el tema final para su tablero de ideas. Escriban a continuación el tema elegido:

Tema elegido: _____

elección de imágenes y palabras:

Nombre	Imágenes y palabras seleccionadas

Discutan las imágenes y palabras elegidas por cada persona. ¿Hay coincidencias o similitudes? ¿Cómo puede llegar a un acuerdo para que las ideas de todos se incluyan en el tablero de ideas?

En otra hoja de papel, haga un esbozo de cómo quiere colocar las imágenes y las palabras en el tablero de ideas. Considere dónde colocará cada elemento y cómo funcionarán juntos.

Empiecen a montar juntos el tablero. Anímense a añadir sus recortes y toques decorativos. ¿Cómo pueden disponer los elementos para crear una composición visualmente atractiva y equilibrada?

• Desafío de construcción

En esta emocionante actividad, usted y sus amigos utilizarán materiales de construcción como LEGO, bloques o cartón para crear una estructura o un diseño asombroso. Prepárese para ejercitar sus músculos de resolución de problemas y experimentar la emoción de la colaboración.

• Círculo de narración

En esta actividad, se sentará en círculo con sus amigos y trabajarán juntos para narrar un cuento cautivador. Cada uno contribuirá con una o dos frases, lo que le permitirá dar rienda suelta a su imaginación, potenciar su creatividad y experimentar el placer de la narración cooperativa.

Reúna a sus amigos y decida el escenario de su historia colaborativa. Aquí le presentamos algunas ideas interesantes:

- **Bosque encantado:** Un mundo mágico lleno de animales que hablan y tesoros escondidos.

- **Aventura espacial:** Explorar el universo, encontrar extraterrestres y viajar a planetas lejanos.

- **Bajo el mar:** Sumérjase en las profundidades del océano y conozca criaturas submarinas en un emocionante viaje.

Sumérjase en las profundidades del océano y conozca criaturas submarinas en un emocionante viaje
https://pixabay.com/vectors/shark-diver-megalodon-periscope-6942486/

• **Viaje en el tiempo:** Aventúrese a través de diferentes periodos de tiempo para resolver misterios y descubrir antiguos secretos.

Discutan en grupo las opciones de ambientación de la historia y voten para elegir la más emocionante. Escriba a continuación el escenario elegido:

Escenario elegido: _____

Para empezar la historia, un amigo compartirá una frase que presente el escenario y al personaje principal. ¿Cuál es la primera frase de su historia colaborativa?

_____

_____

_____

Siéntense en círculo y, por turnos, amplíen la historia. Cada niño aporta una o dos frases para continuar la narración. Recuerden escuchar las ideas de sus amigos a medida que se desarrolla la historia y basarse en sus aportaciones. Vayan anotando las aportaciones de cada uno:

• _____
  _____

• _____
  _____

• _____
  _____

• _____
  _____

• _____
  _____

• _____
  _____

Cuando la historia llegue al final, trabajen juntos para crear tensión y emoción. A continuación, concluyan la historia con una resolución satisfactoria. ¿Cómo superarán sus personajes los retos y concluirán la historia?

_____

_____

Reflexione sobre su experiencia de narración colaborativa. Responda a las siguientes preguntas individualmente y, a continuación, comparta sus ideas en grupo:

- ¿De qué manera el trabajo conjunto para crear una historia aumentó su creatividad y cooperación?

_____

- ¿Cuáles fueron algunos de sus momentos o frases favoritos de la historia en colaboración?

_____

- ¿De qué manera las contribuciones de cada persona hicieron que la historia fuera más interesante y atractiva?

_____

• Experimento científico

En esta actividad, todos los miembros del equipo realizarán un sencillo, pero fascinante experimento científico. Asigne diferentes papeles a cada uno y coordine sus acciones para que desarrolle habilidades de trabajo en equipo mientras desentraña los misterios de la ciencia. Aquí tiene algunos de los experimentos que puede probar:

Volcán de bicarbonato y vinagre

Necesitará:

- Una botella de plástico vacía
- Bicarbonato de sodio

- Vinagre
- Jabón de cocina (opcional, para hacer más espuma)
- Colorante de alimentos rojo (opcional, para el efecto lava)
- Gafas protectoras (para proteger los ojos)

Elija roles para cada amigo:

- Vertedor: Poner el bicarbonato en la botella.
- Rociador de vinagre: Vierte vinagre en la botella.
- Observador de la lava: Observa la reacción burbujeante.
- Fotógrafo: Capta el emocionante momento.

Instrucciones:

1. Vierta un poco de bicarbonato de sodio en la botella (unas dos cucharadas).
2. Añada unas gotas de colorante de alimentos al vinagre si desea lava roja.
3. Con mucho cuidado, vierta el vinagre en la botella (aproximadamente hasta la mitad).
4. Observen la erupción burbujeante y vean cómo baja la "lava".

Observaciones:

- ¿Cómo crearon burbujas el bicarbonato y el vinagre?

   _____

- ¿El colorante de alimentos rojo hizo que la "lava" fuera más realista?

   _____

- ¿Cómo contribuyó cada papel al éxito del experimento?

   _____

(**Nota:** Se recomienda la supervisión de un adulto cuando manipulen vinagre y bicarbonato de sodio).

Experimento: Arco iris mágico con agua y colorante alimentario

ARCO IRIS MÁGICO
CON AGUA Y COLORANTE ALIMENTARIO

Necesitará:

- Vasos o tarros transparentes
- Agua
- Colorante para alimentos (rojo, azul, amarillo)
- Cucharas pequeñas para remover

Elija roles para cada amigo:

- Maestro del color: Añadir gotas de colorante alimentario a las tazas.
- Mezclador de agua: Vierte agua en los vasos.
- Mago agitador: Mezcla los colores para crear el arco iris.

Instrucciones:

1. Llene los vasos con agua hasta la mitad.
2. Añada unas gotas de colorante para alimentos rojo en un vaso, azul en otro y amarillo en el tercero.
3. Utilice una cuchara distinta para coger pequeñas cantidades de cada color y remuévalas suavemente para ver cómo se produce la magia.

Observaciones:

¿Cómo se mezclaron los colores primarios (rojo, azul, amarillo) para crear nuevos colores?

¿Qué ocurrió al mezclar los colores?

_____

¿Cómo contribuyó cada papel a la creación del arco iris?

_____

• Cocinar u hornear

En esta actividad, usted y sus amigos colaborarán para crear un delicioso y colorido par-fait en capas. Cada uno tendrá un papel especial a la hora de dar vida a este delicioso postre.

Ingredientes:
- • Yogur griego (de vainilla o natural).
- • Frutas frescas variadas (bayas, plátanos, kiwi, etc.).
- • Granola o cereales triturados.
- • Miel o sirope de arce (opcional).
- • Vasos o cuencos transparentes para colocar las capas.

Elija roles para cada amigo:
- • El maestro frutero: Lavar, pelar y cortar las frutas.

_____

- • El profesional de las capas: Añadir capas de yogur, frutas y granola.

_____

- • El rociador: Añadir un toque de miel o jarabe de arce (si se desea).

_____

- • El artista de la presentación: Hacer que los parfaits tengan un aspecto muy bonito.

_____

Comente las frutas elegidas, el orden de las capas y si desea rociarlas con miel o sirope de arce.

Nombre	Frutas elegidas	Orden de las capas	Preferencia de rociado

Sigan su plan de capas para crear bonitos parfaits. Cada persona se turnará para añadir el yogur, las frutas y la granola a los vasos o cuencos transparentes.

El rociador añade un toque de dulzura rociando suavemente miel o sirope de arce por encima de cada parfait.

El artista de la presentación hace que los parfaits tengan un aspecto fantástico. Coloquen frutas por encima o espolvoree un poco más de granola para que queden perfectos.

• Juegos en grupo

Jueguen a juegos que fomenten la cooperación y el trabajo en equipo, como carreras de relevos, tira y afloja o carreras de tres piernas. Estas actividades ponen de relieve la importancia de los esfuerzos coordinados.

• Juego de rol

Participe en este divertido juego de rol en el que usted y sus amigos se embarcarán en un viaje lleno de aventuras.

Érase una vez un poderoso reino en una tierra donde la magia fluía como los ríos. La prosperidad del reino dependía del poder de un cristal sagrado conocido como el cristal de la armonía. Este cristal, oculto en las profundidades del bosque encantado, mantenía el equilibrio y la paz en todo el reino.

Sin embargo, un día, un hechicero oscuro intentó robar el cristal de la armonía para sus propios fines malévolos. El reino se sumió en la confusión cuando la magia del cristal se desvaneció y la naturaleza se volvió caótica.

Los líderes del reino llamaron a un grupo de valientes héroes para que recuperaran el cristal y devolvieran el equilibrio a la tierra. Estos héroes no eran aventureros ordinarios: Poseían habilidades y destrezas únicas que los convirtieron en la última esperanza del reino.

Personajes:

- Sir Galán el valiente caballero: Conocido por su habilidad con la espada y su valor.
- Merlín, el sabio mago: Un maestro de los hechizos y el conocimiento.
- Elena, la curiosa exploradora: Hábil rastreadora y experta en descubrir misterios.
- Luna, la simpática duendecilla del bosque: Se comunica con los animales y posee magia del bosque.
- Finn, el inventor ingenioso: Crea artilugios y dispositivos.

Reúna a sus amigos y lean juntos la historia de "el cristal encantado de la armonía". Imaginen el reino, el bosque y la búsqueda de los héroes para recuperar el cristal. Comenten los elementos de la historia: La crisis del reino, el cristal sagrado, las habilidades de los héroes y los retos a los que se enfrentan. ¿Cómo puede su equipo de héroes trabajar en equipo para superar los obstáculos y salvar el reino?

Asignación de personajes:

Asigne a cada amigo un papel de personaje:

1. Sir Galán el valiente caballero: _____
2. Merlín, el sabio mago: _____
3. Elena, la curiosa exploradora: _____
4. Luna, la simpática duendecilla del bosque: _____
5. Finn, el inventor ingenioso: _____

La misión:

Divida la historia en escenas clave y represéntelas en equipo. Cada persona representa a su personaje y contribuye a la progresión de la narración. Hablen y anoten cómo interactúan los personajes en cada escena. ¿Cómo se complementan sus habilidades únicas y cómo toman decisiones en equipo?

_____

_____

_____

_____

_____

Concluya el juego de rol con los héroes recuperando con éxito el cristal de la armonía y devolviendo el equilibrio al reino. ¿Cómo han contribuido el trabajo en equipo y sus habilidades personales al éxito de la misión?

_____

_____

_____

_____

_____

Capítulo 7: El arte de resolver problemas

La resolución de problemas no es más que el proceso de encontrar una solución a un problema, una cuestión compleja o una situación desafiante. Las habilidades cognitivas, que sirven de marco para la resolución de problemas, empiezan a desarrollarse desde una edad temprana. Su hijo utilizará su experiencia, conocimientos e información para intentar resolver el problema y llegar a una solución. Dependiendo de la gravedad del problema, su hijo utilizará el pensamiento analítico, la toma de decisiones, el razonamiento lógico, la comunicación, el razonamiento, la creatividad y el pensamiento lateral para encontrar una solución factible. Mientras que algunos niños son naturalmente buenos resolviendo problemas, otros necesitan el apoyo y el estímulo de sus padres y cuidadores para empezar.

El proceso de resolución de problemas

Identificar el problema

El primer paso que puede dar un padre o cuidador principal es comprender los problemas a los que se enfrenta el niño. Puede que tenga dificultades para hacer los deberes, que esté disgustado por una situación o que no se lleve bien con un amigo. Haga preguntas a su hijo para saber más sobre lo que le pasa. Esto le ayudará a entender mejor lo que le pasa y lo que siente. Si no se atreve a hablar, obsérvelo atentamente para intentar averiguar qué le preocupa.

Lluvia de ideas

Siéntese con su hijo y piense en distintas formas de abordar el problema. Anímele a compartir sus ideas, ofrezca las suyas y escriba una lista. Haga el esfuerzo de conseguir que lo sienta como una actividad familiar más.

Evalúe las opciones

Examine la lista de ideas que se le ha ocurrido. Deje que su hijo elija las posibles soluciones y, cuando haya terminado, puede sugerirle que elija otras ideas que se adapten mejor a su situación. Ahora, hablen de los pros y los contras de cada una para filtrar aún más cuál es la mejor solución posible.

Elija una solución

Después de discutir las opciones, decidan juntos qué solución probar primero. Asegúrese de que su hijo se sienta implicado en el proceso de toma de decisiones.

Elabore un plan

Desglose la solución elegida en pasos. Ayude a su hijo a entender lo que hay que hacer. Por ejemplo, supongamos que el problema es prepararse para ir al colegio a tiempo. En ese caso, el plan podría incluir poner una alarma, elegir la ropa la noche anterior y tener listo el desayuno.

Poner el plan en marcha

Ayude a su hijo a poner en práctica el plan. Oriéntelo y anímelo.

Supervise los progresos

No pierda de vista cómo van las cosas. Si la solución funciona, ¡fantástico! Si no, no se preocupe. No pasa nada por hacer ajustes o probar un enfoque diferente.

Celebre los éxitos

Cuando su hijo progrese o resuelva el problema con éxito, ¡celebre su éxito! Puede ser algo tan sencillo como chocar los cinco o reconocer su esfuerzo. El refuerzo positivo aumenta su confianza.

Reflexione y aprenda

Al cabo de un rato, hable con su hijo sobre lo que ha funcionado y lo que no. Reflexionen juntos sobre la experiencia. Esto les enseña que es esencial aprender de los retos y que está bien tener algunas de las respuestas.

Estrategias para mejorar la resolución de problemas

1. Fomentar la curiosidad

Fomentar la curiosidad significa apoyar el afán natural de su hijo por aprender y explorar. Cuando haga preguntas sobre temas que le despierten curiosidad, tómese el tiempo necesario para responderlas o busque fuentes que puedan proporcionarle más información. Puede leer libros, ver vídeos o visitar lugares relacionados con sus intereses. Esto les ayuda a desarrollar el hábito de buscar soluciones y comprender el mundo que les rodea.

Ejemplo de un escenario de la vida real: Supongamos que su hijo mira al cielo y pregunta: "¿Por qué el cielo es azul?". En lugar de limitarse a darle una respuesta, aproveche la oportunidad para fomentar su curiosidad. Le contestas: "¡Qué buena pregunta! El cielo se ve azul porque la luz del sol interactúa con las moléculas de aire de nuestra atmósfera. Seguro que quieres saber más. Leamos sobre ello".

2. Ofrecer retos

Ofrecer retos implica proporcionar actividades que estimulen el pensamiento y la creatividad del niño. Elija rompecabezas, juegos y tareas adecuadas a su edad y nivel de desarrollo. Estos retos deben ser lo bastante atractivos como para captar su interés, pero no tan difíciles como para que se sientan frustrados. A medida que superan estos retos, desarrollan habilidades de resolución de problemas experimentando con diferentes enfoques y estrategias.

Ejemplo de una situación real: Decide desafiar las habilidades de resolución de problemas de su hijo dándole un puzzle un poco más complejo que los que suele hacer. Le dice: "¡Hoy tengo un puzzle especial para ti! Puede que sea un poco más complicado, pero creo en tu capacidad para resolverlo.

Tómate tu tiempo. Estoy aquí para ayudarte si me necesitas".

3. Evite las soluciones inmediatas

Cuando su hijo se enfrente a un problema, resista el impulso de darle una solución inmediatamente. Anímele a pensar por sí mismo en el problema y en las posibles soluciones. Hágale preguntas abiertas que guíen su pensamiento, como "¿Qué opciones tienes?" O "¿Cómo crees que podrías resolver esto?". Este enfoque les permite pensar de forma crítica y encontrar soluciones por sí mismos.

Ejemplo de una situación real: Su hijo está frustrado porque no sabe cómo montar un juguete nuevo. En lugar de intervenir para solucionarlo, usted se arrodilla y le pregunta: "Mm, parece que tienes algún problema. ¿Qué crees que puede estar causando el problema? ¿Hay alguna pieza que parezca complicada?".

4. Enséñele los pasos de la resolución de problemas

Desglose la resolución de problemas en cuatro pasos: Entender el problema, elaborar un plan, intentarlo y comprobar si funciona. Utilice ejemplos relacionados con sus experiencias para explicar cada paso. Por ejemplo, puede hablar de cómo planifican su tiempo de juego, lo que implica entender lo que quieren hacer, decidir cómo hacerlo, jugar realmente y ver si disfrutan después.

Ejemplo de una situación real: Su hijo se enfrenta a un problema matemático difícil que le deja perplejo. Usted le guía a través del proceso de resolución del problema diciéndole: "Vamos a resolver juntos este problema de matemáticas. Primero, asegurémonos de que entendemos cuál es la pregunta. Después, podemos idear un plan para resolverlo paso a paso".

5. Utilice situaciones de la vida real

Presente situaciones de la vida real que incluyan retos a los que su hijo pueda enfrentarse. Podría hablar de compartir juguetes con amigos o de decidir a qué juego jugar. Discuta con él las distintas formas en que podría abordar estas situaciones y los posibles resultados de cada elección. Esto les ayuda a poner en práctica sus habilidades de resolución de problemas en contextos significativos para ellos.

Ejemplo de una situación real: Su hijo vuelve del colegio enfadado porque su amigo le ha quitado un juguete sin pedírselo. Siéntese con él y dígale: "Siento lo que te ha pasado. Hablemos de cómo podríamos afrontar esta situación si se repitiera. ¿Cómo podemos resolver este problema juntos?".

6. Intercambiar ideas

Incluir a su hijo en sesiones de lluvia de ideas le ayudará a pensar de forma creativa

Involucre a su hijo en sesiones de lluvia de ideas en las que ambos generen ideas para abordar un problema. Esto les enseña a pensar de forma creativa y a considerar múltiples opciones. Durante la lluvia de ideas, anímele a compartir sus pensamientos y ayúdele a evaluar los pros y los contras de las distintas ideas. Este enfoque colaborativo fomenta el trabajo en equipo y la sensación de compartir la resolución de problemas.

Ejemplo de una situación real: En un día lluvioso, su hijo parece aburrido y no sabe qué hacer. Siéntese con él y dígale: "Los días de lluvia pueden ser un poco complicados, pero podemos pensar juntos en algunas actividades divertidas bajo techo. ¿Qué ideas se te ocurren?"

7. Acepte los errores

Cree un entorno en el que cometer errores se considere una parte natural del aprendizaje. Comparta anécdotas de cuando usted cometió errores y cómo los utilizó para mejorar. Cuando su hijo se enfrente a contratiempos o errores, anímelo y haga hincapié en que aprender de los errores es importante. Esto les ayuda a desarrollar una mentalidad de crecimiento y la confianza necesaria para afrontar los retos sin miedo al fracaso.

Ejemplo de una situación real: Su hijo derrama pintura accidentalmente mientras trabaja en un proyecto de arte. Usted le tranquiliza diciéndole: "Uy, parece que se ha derramado un poco. No pasa nada, los errores ocurren. Vamos a limpiarlo juntos y a hablar de cómo podemos evitar los derrames la próxima vez".

8. Proporcionar autonomía

Dé a su hijo la oportunidad de tomar decisiones dentro de ciertos límites. Puede dejarle elegir qué hacer después del colegio o qué libro leer antes de acostarse. Esto les da la oportunidad de aprender a evaluar opciones, elegir y responsabilizarse de sus decisiones, que son habilidades esenciales para la resolución de problemas.

Ejemplo de una situación real: Durante la merienda, le pone un plátano y una manzana. Le dice: "¡Es la hora de la merienda! Puedes elegir entre el plátano y la manzana. ¿Cuál te gustaría tomar hoy?".

9. Fomentar el pensamiento crítico

Fomente el pensamiento crítico formulando preguntas que inciten a la reflexión y animando a su hijo a analizar las situaciones desde distintos ángulos. Por ejemplo, pregúntele: "¿Por qué crees que ha pasado eso?" O "¿Cuál podría ser otra forma de resolverlo?". Este hábito de considerar varias perspectivas mejora su capacidad para resolver problemas.

Ejemplo de una situación real: Su hijo y su amigo no se ponen de acuerdo sobre a qué juego jugar juntos. Usted interviene y dice: "Veo que tienen ideas diferentes. ¿Qué tal si pensamos en algunas opciones y discutimos los pros y los contras de cada juego? Eso podría ayudarles a decidirse".

10. Modelar la resolución de problemas

Cuando se encuentre con un problema, piense en voz alta y explique a su hijo su proceso de pensamiento. Narre cómo aborda el problema, las estrategias que está considerando y los motivos que le llevan a tomar sus decisiones. Esto les proporciona un ejemplo concreto de cómo funciona la resolución de problemas en la vida real y les anima a aplicar planteamientos similares.

Ejemplo de una situación real: No encuentra sus llaves cuando se dispone a salir de casa. Piensa en voz alta: "Recuerdo que antes tenía las llaves en la cocina. Volvamos sobre mis pasos y pensemos dónde podría haberlas puesto".

11. Celebre los esfuerzos

Haga que sus hijos centren sus esfuerzos en resolver un problema en lugar de fijarse únicamente en el resultado. Cuando se esfuercen, persistan y utilicen el pensamiento creativo, reconozca y elogie su dedicación. De este modo, asociarán sus esfuerzos con resultados positivos, lo que reforzará su voluntad de enfrentarse a los retos.

Ejemplo de una situación real: Su hijo se esfuerza por atarse los cordones por primera vez. Usted le anima diciéndole: "Veo que te concentras y te esfuerzas por atarte los cordones. Es fantástico. Sigue practicando y mejorarás con el tiempo".

12. Fomentar la colaboración

Organice actividades que requieran la colaboración de otros para resolver un problema. Podrían trabajar juntos para construir un puzzle, crear un proyecto de manualidades o cocinar una comida. La resolución de problemas en colaboración enseña a su hijo a comunicarse, compartir ideas y considerar distintos puntos de vista para llegar a una solución.

Ejemplo de una situación real: Su hijo y su hermano quieren construir un fuerte juntos. Sugiera: "¿Qué tal si trabajan juntos para diseñar y construir un fuerte? Es una gran oportunidad para colaborar y desarrollar ideas creativas".

13. Proporcione herramientas

Ofrezca materiales y herramientas que fomenten la resolución práctica de problemas. Los bloques de construcción, los materiales artísticos, los kits científicos y otros recursos permiten a su hijo experimentar, crear y encontrar soluciones a través de la exploración práctica.

Ejemplo de una situación real: Su hijo está deseando construir algo con sus bloques. Usted le da varios tamaños y formas y le dice: "Aquí tienes diferentes bloques que puedes utilizar para construir. ¿Qué tipo de estructura puedes crear con ellos?".

14. Leer cuentos para resolver problemas

Elija libros en los que aparezcan personajes que se enfrentan a retos y los resuelven de forma creativa. Después de leerlos, comenten las decisiones de los personajes, sus estrategias y cómo se relacionan con las experiencias de su hijo.

Ejemplo de una situación real: Lea un libro con su hijo sobre unos personajes que trabajan juntos para arreglar un juguete roto. Después, comentan la historia: "Esos personajes tuvieron que resolver un problema juntos. ¿Puedes pensar en alguna ocasión en la que hayas trabajado con alguien para resolver un problema?".

Recuerde que estas estrategias deben integrarse en las interacciones y actividades cotidianas. La aplicación sistemática de estos enfoques ayuda a los niños a desarrollar habilidades de resolución de problemas que les serán útiles durante el resto de su vida.

LABERINTOS

Capítulo 8: Tolerancia, comprensión y respeto

Además de educar a su hijo y proporcionarle los cuidados adecuados, debe inculcarle los valores fundamentales de la comprensión, el respeto y la tolerancia. Estos valores fundamentales capacitan a los niños para afrontar las situaciones con eficacia y disminuir la escalada de conflictos. Fomentar una cultura de tolerancia permite a tu hijo aceptar la diversidad, desarrollar una mente abierta, no juzgar y expresar empatía. Asimismo, desarrollar en los niños el valor fundamental de la comprensión les convierte en oyentes activos, lo que les permite entablar conversaciones significativas y buscar puntos en común para reducir los malentendidos. Por último, inculcar el respeto permite al niño abordar interacciones complejas con sabiduría y gracia, mitigando la intensidad y frecuencia de los conflictos que pueden surgir en su transición hacia la edad adulta.

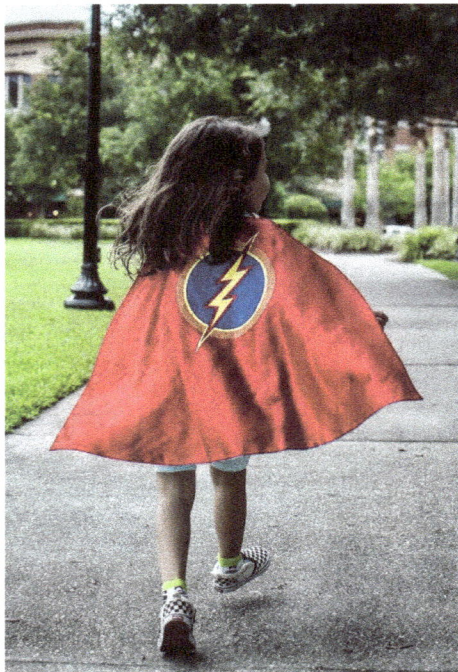

Estos valores fundamentales capacitan a los niños para afrontar situaciones con eficacia y reducir la escalada de conflictos
https://www.pexels.com/photo/girl-in-red-cape-walking-on-paved-walkway-13257637/

Tolerancia

La tolerancia consiste en aceptar y acoger las diferencias, incluso cuando contradicen las propias creencias o valores. Implica una actitud abierta y sin prejuicios hacia personas con antecedentes culturales, sociales o ideológicos divergentes. La tolerancia no exige estar de acuerdo. Significa la voluntad de coexistir armoniosamente con quienes tienen perspectivas diferentes. Al fomentar la tolerancia, los niños aprenden a apreciar la riqueza de la diversidad y desarrollan un sentido de la empatía que les permite relacionarse de forma constructiva con personas de distintos ámbitos de la vida. La tolerancia enseña a los niños a superar los prejuicios, creando un entorno en el que todos son tratados con justicia y respeto, independientemente de sus diferencias.

Comprensión

La comprensión implica buscar activamente, entender los pensamientos, emociones y motivaciones de los demás. Va más allá de las interacciones superficiales y anima a los individuos, incluidos los niños, a invertir tiempo y esfuerzo en explorar las razones que subyacen a las acciones y puntos de vista de las personas. Desarrollar la comprensión requiere una comunicación eficaz y una escucha activa, en la que los niños aprendan a hacer preguntas, a participar en conversaciones significativas y a ponerse en el lugar de los demás. Esta habilidad les permite afrontar los desacuerdos con empatía y paciencia, ya que comprenden los factores subyacentes que conforman las distintas perspectivas. En última instancia, la comprensión fomenta una conexión más profunda y promueve la resolución de conflictos a través de la comprensión mutua y las ideas compartidas.

Respeto

El respeto se basa en el reconocimiento del valor y la dignidad inherentes a cada persona, independientemente de sus antecedentes, creencias u opciones. Implica tratar a los demás con consideración, cortesía y equidad. Para los niños, el respeto se manifiesta en ser conscientes de sus palabras y acciones y abstenerse de comportamientos que menosprecien o degraden a los demás. Se extiende a la valoración de los límites personales, la intimidad y la autonomía. Al practicar el respeto, los niños aprenden a crear una atmósfera de confianza y cooperación en la que las personas se sienten valoradas y capacitadas. El respeto refuerza la idea de que todos los individuos tienen derecho a ser escuchados y tratados con amabilidad, fomentando un entorno integrador que reduce la probabilidad de conflictos derivados de faltas de respeto o malos tratos.

Explorar la conexión

La tolerancia y la comprensión comparten una relación simbiótica en la que una complementa y potencia a la otra. La tolerancia es el primer paso para fomentar la comprensión, ya que crea un entorno en el que se reconocen y respetan los distintos puntos de vista. Al abrazar la tolerancia, los individuos crean un espacio propicio para el diálogo abierto y el intercambio de ideas. Esto, a su vez, anima a los demás a expresarse con autenticidad, lo que conduce a una comprensión más profunda de las motivaciones y emociones que subyacen a las distintas perspectivas. Cuando las personas entablan conversaciones con una mentalidad tolerante, se sienten más inclinadas a buscar puntos en común y a salvar las diferencias de comprensión, reduciendo así la posibilidad de conflictos derivados de la falta de comunicación o los prejuicios.

La comprensión, en su esencia, tiende un puente hacia el respeto, facilitando una profunda conexión entre las personas. Cuando las personas invierten tiempo y esfuerzo en comprender realmente las experiencias, luchas y creencias de los demás, cultivan un sentimiento de empatía y compasión. Esta comprensión empática sienta las bases del respeto al poner de relieve el valor intrínseco y la singularidad de cada individuo. A medida que las personas aprecian la complejidad de las vidas de los demás, desarrollan de forma natural un respeto más profundo por sus diversos orígenes y perspectivas. Este respeto se basa en un reconocimiento genuino del valor de cada persona, fomentando una atmósfera de inclusión y reduciendo la probabilidad de conflictos derivados de la falta de respeto o la descalificación.

El respeto, a su vez, refuerza la práctica de la tolerancia, creando un ciclo de aceptación y aprecio mutuos. Cuando las personas se tratan mutuamente con consideración, cortesía y equidad, establecen una base que fomenta la expresión abierta de puntos de vista diferentes. En un entorno respetuoso, las personas se sienten cómodas compartiendo sus ideas sin miedo a ser juzgadas o excluidas. Esta sensación de seguridad y aceptación fomenta la práctica de la tolerancia a medida que los individuos aprenden a valorar y aceptar las diferencias que hacen única a cada persona. Los niños criados en una atmósfera de respeto son más propensos a abordar las interacciones con un corazón abierto y deseosos de aprender de los demás, reduciendo así el potencial de conflictos derivados de la intolerancia o los prejuicios.

La interconexión de la tolerancia, la comprensión y el respeto forma un ciclo armonioso que contribuye a unas relaciones sanas y a una resolución eficaz de los conflictos. La tolerancia facilita la comprensión, la comprensión alimenta el respeto y el respeto, refuerza la tolerancia, creando un marco que capacita a los niños para afrontar los conflictos con empatía, madurez y compromiso para fomentar la coexistencia pacífica.

Cuando las personas invierten tiempo y esfuerzo en comprender de verdad las experiencias, luchas y creencias de los demás, cultivan un sentimiento de empatía y compasión

https://pixabay.com/photos/different-nationalities-children-1743392/

Estrategias prácticas para inculcar valores fundamentales

Exposición a la diversidad

Como padre, debe exponer a sus hijos a diversas culturas, tradiciones y perspectivas mediante actividades como festivales culturales, noches de cocina internacional o visitas a museos. Al sumergirse en experiencias diferentes, los niños aprecian la riqueza de la diversidad humana.

Ejemplo de un escenario de la vida real: Una familia decide asistir a una feria cultural en su comunidad, donde exploran puestos que muestran diversas tradiciones, prueban nuevos alimentos y entablan conversaciones con personas de distintos orígenes. Esta exposición despierta la curiosidad y suscita preguntas, dando lugar a valiosos debates sobre las distintas formas de vida y la importancia de aceptar la diversidad.

Modelar el comportamiento

Los niños aprenden mejor a través de la observación, por lo que los padres deben modelar un comportamiento respetuoso en casa. Debe demostrar escucha activa, empatía y amabilidad en sus interacciones con los miembros de la familia.

Ejemplo de un escenario de la vida real: Un niño observa cómo su padre o madre mantiene una conversación reflexiva con un vecino que tiene opiniones políticas diferentes. El padre escucha atentamente, hace preguntas y mantiene un tono respetuoso durante toda la conversación. Más tarde, el progenitor explica al niño que la comunicación respetuosa es fundamental para entenderse y mantener relaciones positivas, incluso cuando no se está de acuerdo.

Debates abiertos

Hay que iniciar conversaciones abiertas sobre las diferencias y animar a los niños a hacer preguntas sin miedo a ser juzgados. Estas conversaciones brindan la oportunidad de hacer hincapié en el valor del respeto y la comprensión.

Ejemplo de un escenario de la vida real: Una familia está viendo las noticias sobre los refugiados que huyen de su país. Los padres ponen el televisor en pausa y entablan una conversación con sus hijos sobre las razones por las que la gente puede tener que abandonar sus hogares, sus dificultades y la importancia de ayudar a los necesitados. A través de este diálogo, los padres subrayan la importancia de la empatía y el papel que desempeña la comprensión a la hora de apoyar a quienes se enfrentan a circunstancias difíciles.

Cuentos y medios de comunicación

Utilice libros, películas y programas de televisión en los que aparezcan personajes y temas diversos como medio para suscitar conversaciones sobre la tolerancia y el respeto.

Ejemplo de un escenario de la vida real: Una familia leé junta un libro sobre un personaje de origen cultural diferente que supera retos y hace nuevos amigos. Después, los padres animan a sus hijos a comentar las experiencias del personaje, ayudándoles a relacionar la historia con situaciones del mundo real y reforzando la idea de que comprender a los demás puede conducir a relaciones positivas.

Ejercicios de empatía

Anime a los padres a que involucren a sus hijos en actividades que fomenten la empatía, como el voluntariado, el servicio comunitario o la representación de situaciones en las que deban tener en cuenta diferentes perspectivas.

Ejemplo de un escenario de la vida real: Un niño participa en un proyecto de servicio comunitario, ayudando a empaquetar comidas para familias necesitadas. A través de esta experiencia, aprenden sobre los retos a los que se enfrentan los demás y cómo los pequeños actos de bondad pueden marcar una gran diferencia. Los padres guían un debate sobre cómo comprender y respetar las circunstancias de los demás puede conducir a un mundo más compasivo.

Cuentos y juegos de rol

Lean libros apropiados para su edad en los que aparezcan personajes de orígenes y experiencias diferentes. Después de leerlos, pueden participar en juegos de rol en los que los niños adopten los puntos de vista de los personajes.

Ejemplo de un escenario de la vida real: Después de leer una historia sobre un niño que se ha mudado recientemente a un nuevo país, los padres guían a su hijo para que imagine cómo se sentiría él en una situación similar. Esto ayuda al niño a desarrollar la empatía y la comprensión hacia otras personas que se enfrentan a retos similares.

Celebraciones y tradiciones culturales

Puede involucrar a sus hijos en la celebración de diversas fiestas, tradiciones o festivales culturales. Este enfoque práctico permite a los niños conocer costumbres, comidas y prácticas diferentes, fomentando el aprecio por la diversidad.

Ejemplo de un escenario de la vida real: Una familia decide celebrar una fiesta de una cultura diferente, como Diwali o Hanukkah. Participan en actividades relacionadas con la festividad, discuten su significado y exploran cómo conmemoran las distintas culturas las ocasiones especiales.

Celebrar Hanukkah con su hijo puede ayudarle a explorar cómo celebran las fiestas las distintas culturas
https://unsplash.com/photos/BsGQHOuOo0k?utm_source=unsplash&utm_medium=referral&utm_content=creditShareLink

Amistad e intercambio de amigos por correspondencia

Anime a su hijo a entablar amistad con niños de distintas procedencias, ya sea en persona o a través de programas de intercambio de amigos por correspondencia. Estas interacciones ayudan a los niños a establecer vínculos, intercambiar puntos de vista y descubrir puntos en común.

Ejemplo de un escenario de la vida real: Los padres ayudan a sus hijos a ponerse en contacto con un amigo por correspondencia de otro país. El niño aprende sobre la vida cotidiana, las aficiones y los intereses de su amigo por correspondencia, escribiendo cartas o correos electrónicos, lo que fomenta el entendimiento intercultural.

Arte y creatividad

Haga que sus hijos participen en proyectos artísticos y creativos que les animen a expresar su comprensión de la diversidad. Las actividades artísticas como el dibujo, la pintura o la artesanía pueden ayudar a los niños a representar visualmente sus pensamientos y sentimientos sobre las diferentes culturas y perspectivas.

Ejemplo de un escenario de la vida real: Los padres proporcionan material artístico y piden a su hijo que cree un collage que represente la idea de "unidad en la diversidad". El niño selecciona imágenes, colores y símbolos que ilustren su comprensión de la unión de diferentes culturas.

Exploración de la naturaleza y el medio ambiente

Lleve a sus hijos a pasear por la naturaleza o a visitar jardines botánicos, animándoles a explorar y apreciar la belleza de las diversas especies de plantas y animales. Esta experiencia puede servir de metáfora para valorar y respetar la singularidad de las personas.

Ejemplo de un escenario de la vida real: Durante un paseo por la naturaleza, los padres entablan una conversación con sus hijos sobre los distintos tipos de flores que ven y cómo cada una contribuye a la belleza general del entorno. Establecen paralelismos entre la diversidad de la naturaleza y la diversidad de las personas en el mundo.

Juegos de resolución de problemas

Introduzca a sus hijos en juegos de resolución de problemas que requieran colaboración y comprensión de puntos de vista diferentes. Los juegos de mesa o las actividades que implican tomar decisiones en grupo pueden enseñar a los niños la importancia de escuchar y llegar a acuerdos.

Ejemplo de un escenario de la vida real: Los padres organizan una noche de juegos en familia con un juego de mesa cooperativo en el que los jugadores deben colaborar para resolver problemas. A través del juego, los niños aprenden a considerar diversas ideas y a cooperar para alcanzar un objetivo común.

Cocina y gastronomía cultural

Puede hacer que los niños cocinen platos de diferentes culturas, aprovechando esta oportunidad para hablar de las tradiciones e historias asociadas a los distintos platos. Esta experiencia sensorial ayuda a los niños a conectar con diferentes culturas a nivel personal.

Ejemplo de un escenario de la vida real: Padres e hijos preparan un plato tradicional de otro país, como sushi o tacos. Mientras cocinan, los padres comparten información sobre el significado cultural de la comida y su función en la comunidad.

Excursiones y participación en la comunidad

Puede llevar a sus hijos de excursión a lugares de culto, centros comunitarios o actos culturales para que conozcan diferentes sistemas de creencias y estilos de vida. Participar en las comunidades locales ayuda a los niños a adquirir una perspectiva más amplia del mundo que les rodea.

Ejemplo de un escenario de la vida real: Una familia visita una feria cultural local, donde interactúa con personas de diversos orígenes y habla de costumbres, tradiciones y valores.

Escenarios de resolución de problemas

Puede presentar a sus hijos situaciones hipotéticas que impliquen conflictos o malentendidos, animándoles a buscar soluciones que fomenten la comprensión y el respeto.

Ejemplo de un escenario de la vida real: Los padres describen una situación en la que dos amigos tienen opiniones diferentes sobre un juego al que quieren jugar. El niño sugiere formas de que los amigos se comuniquen, lleguen a un acuerdo y encuentren una solución que respete ambos puntos de vista.

Fomentar la curiosidad y las preguntas

Hay que crear un ambiente en el que los niños se sientan cómodos haciendo preguntas sobre las diferencias. Hay que responder a sus preguntas con paciencia y darles explicaciones adecuadas a su edad.

Ejemplo de un escenario de la vida real: Un niño pregunta a sus padres por qué una compañera lleva pañuelo en la cabeza. El padre le explica que cada persona tiene creencias y prácticas diferentes, y que es importante respetar y comprender esas diferencias.

Capítulo 9: Acoso escolar: Levantarse y denunciar

En este capítulo, aprenderá sobre el impacto negativo mental, emocional y físico que el acoso puede tener en los niños. Sabrá cómo explicar a su hijo el acoso y sus diferentes tipos. También conocerá los signos que indican que su hijo es víctima de acoso y aprenderá varias técnicas prácticas, como ejercicios de representación de papeles y estrategias de fomento de la confianza para ayudar a su hijo a defenderse.

El acoso en todas sus formas es perjudicial para los niños
https://www.pexels.com/photo/a-sad-boy-sitting-on-a-floor-of-a-classroom-7929416/

Tipos de acoso escolar

A veces las personas se hacen daño accidentalmente y se disculpan cuando se dan cuenta de lo que han hecho. El acoso, en cambio, es el acto de herir a alguien intencionadamente, una y otra vez. Los acosadores no asumen sus errores porque no les importan los sentimientos de los demás. El acoso puede ser físico, verbal, social o cibernético.

Acoso físico

Incluye empujones, zancadillas, puñetazos, golpes, patadas o pellizcos. Los acosadores también pueden dañar las pertenencias de sus víctimas. El acoso físico es cualquier cosa que dañe el cuerpo o las pertenencias de la víctima.

Acoso verbal

El acoso verbal se produce cuando el acosador utiliza las palabras para herir a los demás. Puede insultar, asustar, intimidar, amenazar, burlarse o poner motes. Aunque el acoso verbal no provoque daños físicos, provoca problemas mentales y emocionales.

Acoso social

El acoso social es el tipo de acoso más difícil de reconocer porque no siempre se dirige directamente a la víctima. Consiste en hablar mal de ella a sus espaldas, difundir rumores, humillarla o arruinar su reputación. Los acosadores sociales también pueden gastar bromas embarazosas a sus víctimas, imitarlas con dureza, dirigirles miradas desagradables, hacerles gestos negativos o animar a los demás a que no les hablen.

Ciberacoso

El ciberacoso se produce en internet. Las víctimas pueden recibir mensajes de texto o correos electrónicos hirientes e insultantes o imágenes, vídeos o mensajes inapropiados o burlones. Pueden ser excluidas de chats de grupo y otros espacios en línea. Los acosadores también pueden difundir rumores y cotilleos sobre la víctima.

El impacto del acoso en el bienestar general

El acoso puede dejar secuelas mentales y emocionales duraderas, independientemente de que se produzca en casa, en un entrenamiento deportivo, en la escuela o en internet. Puede interferir en la capacidad de la víctima para realizar las tareas cotidianas.

Salud mental

Ser víctima de acoso altera el sentido de sí mismo y la autopercepción de su hijo. Esto puede influir negativamente en su forma de tomar decisiones y manejar otros aspectos de su vida, lo que repercute en su salud mental, social, emocional y profesional. Los niños que han sufrido algún tipo de acoso tienen más probabilidades de buscar ayuda profesional en salud mental en la edad adulta.

Las víctimas de acoso corren el riesgo de desarrollar ansiedad y depresión y de sufrir problemas persistentes de autoestima. Suelen sentirse solas e indeseadas y pueden incluso mostrar actos repentinos de violencia.

En casos de acoso grave, la víctima puede recurrir al suicidio para escapar del tormento mental, emocional o físico. En otros casos, el acoso, junto con otras fuentes de trauma, puede provocar sentimientos intensos de falta de pertenencia, desesperanza e impotencia, que pueden conducir a pensamientos o tendencias suicidas.

Si su hijo tiene dificultades, puede evitar la escuela y otros lugares donde podría encontrarse con sus acosadores. Esto puede provocar un descenso de su rendimiento académico y de su bienestar social.

Autoestima

Ser acosado puede hacer que su hijo se sienta inseguro y tenso todo el tiempo. Nunca sabe cuándo va a hacer su siguiente movimiento, lo que le pone al límite. Sentirse inaceptado y excluido de su comunidad puede hacer que su hijo se retraiga aún más y experimente sentimientos constantes de ira y frustración. También es posible que busque constantemente formas de no llamar la atención. Esto puede hacer que pierda oportunidades de divertirse, hacer amigos y aprender cosas nuevas.

Salud física

Aparte de los efectos visibles del acoso físico, todos los tipos de acoso pueden tener un impacto negativo en el bienestar físico de su hijo. Puede tener poco o ningún apetito, problemas para regular la respiración y el ritmo cardíaco, y problemas de sueño, como insomnio o quedarse dormido. Estar siempre al límite, estresado y ansioso también puede acarrear problemas de salud perjudiciales.

Signos reveladores de que su hijo sufre acoso escolar

Pérdida de interés por las actividades

Es probable que su hijo sufra acoso escolar si observa que ha perdido repentinamente el interés por actividades que antes le gustaban. Por ejemplo, si disfrutaba participando en el equipo deportivo de su colegio o en clubes extraescolares, pero de repente se retira de ellos, podría ser objeto de burlas o acoso.

Cambios en los hábitos de sueño o alimentación

El estrés provoca cambios en los hábitos alimentarios y de sueño del niño. Si come menos de lo habitual, puede deberse a una pérdida de apetito por exceso de pensamientos. Si come más de lo habitual, es posible que esté experimentando una alimentación emocional, o puede deberse a que le están quitando la comida en el colegio. Los cambios en los hábitos alimentarios también pueden indicar que se burlan de ellos por su aspecto o su peso. Pueden tener problemas para conciliar el sueño o permanecer dormidos debido a que piensan demasiado, tienen ansiedad o pesadillas.

Mayor irritabilidad

Su hijo puede volverse muy temperamental e irritable si es víctima de acoso escolar. La tensión, la preocupación, el miedo y la tristeza que conlleva el maltrato pueden hacer que se sientan frustrados o malhumorados, sobre todo antes de ir al colegio o después de volver.

Fingir enfermedades

Si su hijo recurre a menudo a dolores de estómago, de cabeza u otros síntomas físicos para evitar ir al colegio (o salir de él antes de tiempo), es posible que esté intentando evitar a los acosadores. Asegúrese primero de descartar cualquier problema de salud.

Declive académico

Centrarse en los deberes, los proyectos, los exámenes y los estudios puede ser la menor de las preocupaciones de su hijo si le están atormentando en el colegio. Si se esfuerza menos en los estudios y saca peores notas de lo habitual, es posible que se sienta presionado por sus agresores.

Inquietud

Si su hijo es tranquilo y calmado por naturaleza, pero ha empezado a inquietarse recientemente, es posible que esté siendo acosado. Inquietarse es un signo de la respuesta de lucha o huida desencadenada por situaciones estresantes y aterradoras. Esta respuesta lleva a estar hiperconsciente del entorno para poder huir o actuar cuando el peligro es inminente.

Evitar hablar del colegio

Si su hijo evita responder a preguntas sobre su día o sobre el colegio en general, puede ser otra señal de que es víctima de acoso escolar. Es posible que se sienta avergonzado por el hecho de ser acosado y quiera ocultarlo.

Desquitarse en otra parte

Es posible que su hijo sufra acoso si muestra repentinas tendencias agresivas y violentas. Naturalmente, siente la necesidad de descargar su rabia y su frustración en otro sitio. Puede que incluso empiece a molestar a sus hermanos o a otros niños. Pueden imitar lo que les ocurre porque no saben de qué otra forma manejar su ira. Otros cambios repentinos de personalidad también deberían ser motivo de preocupación.

Lesiones y hematomas

Las lesiones y moratones inexplicables son uno de los signos más evidentes de que su hijo está sufriendo acoso físico. También es posible que notes que sus pertenencias se estropean o desaparecen con frecuencia. Es posible que su hijo se invente historias para justificar las heridas y los objetos dañados porque le da miedo o vergüenza contárselo. También puede temer que el acosador se vengue de él por contarlo.

Estos son solo algunos de los posibles signos de que su hijo está siendo acosado. Usted conoce a su hijo mejor que nadie, así que asegúrese de tener en cuenta cualquier cambio en su comportamiento y sus acciones. Sea paciente con él y hágale saber que le respalda y que trabajarán juntos para encontrar una solución.

Estrategias contra el acoso escolar

Representación de situaciones

Pruebe a representar situaciones de acoso con su hijo para enseñarle a responder eficazmente al acoso.

• Escenario 1 (acoso verbal)

El objetivo de este primer escenario es demostrar a su hijo cómo actuar en estas situaciones. Usted representará el papel de su hijo, y su hijo actuará como el acosador.

Matón: Hoy estás horrible. ¿Qué ropa llevas? ¡Todo el mundo lo odia!

Niño: *Gracias por tu opinión. Pero hoy me gusta mucho mi ropa.*

El niño debe responder al acosador con calma y serenidad.

• Situación 2 (acoso verbal)

Ahora que ya le ha mostrado cómo debe responder su hijo al acoso verbal, le toca a usted representar el papel del acosador y pedirle que responda.

Intimidador: Mira *el nombre de tu hijo*, ¡el rarito!

Si su hijo necesita ayuda para responder con calma, puede ayudarle a encontrar las palabras adecuadas. Lo ideal sería que la respuesta fuera algo parecido a esto:

Me gusta leer y aprender cosas diferentes. No me importa que me llames rarito.

El objetivo principal es enseñar a su hijo a responder con seguridad y calma al acoso. Deben demostrar al acosador que no les afectan sus palabras y que están orgullosos de sus elecciones, intereses y gustos.

• **Escenario 3 (ciberacoso)**

Utilice este escenario para demostrar cómo debe responder su hijo al ciberacoso. Usted interpreta el papel de su hijo y su hijo actúa como el acosador.

Acosador: (Comentando la foto de su hijo) ¡Esta foto tiene un aspecto raro! Tienes la frente enorme, jajaja.

Niño: *Eso no está bien. Creo que estoy muy guapo, por eso la he colgado. Voy a denunciar tu comentario por hiriente.*

Su hijo debe denunciar el comentario y bloquear al acosador.

• **Escenario 4 (ciberacoso)**

Es su turno de interpretar el papel del acosador.

Acosador: (En el chat del grupo) ¿Sabías que *el nombre de tu hijo* suspendió todos los exámenes? ¡Menudo perdedor!

Cualquier acción que demuestre que su hijo está tranquilo y no le afecta es correcta. Por ejemplo, puede decir lo siguiente

Niño: *Eso no es verdad. No he suspendido los exámenes. ¿Por qué no nos centramos en cosas verdaderas y positivas sobre las que hablar?*

Anime a su hijo a incorporar lo aprendido en los 2 escenarios siguientes.

• **Escenario 5 (Acoso físico)**

Acosador: (empuja a su hijo)

Una respuesta ideal sería

Niño: *No me gusta que me empujen. ¿Qué le hace pensar que está bien tratar así a los demás? (se va)*

• **Situación 6 (Defender a las víctimas del acoso)**

Acosador: (se burla del amigo de su hijo)

Su hijo debe acercarse con calma al acosador y hacerle saber que sus acciones son inaceptables.

Niño: *No está bien tratar así a los demás. Seamos amables los unos con los otros.*

Ayude a su hijo a ganar confianza en sí mismo

- Enséñele la importancia de las afirmaciones positivas y cómo utilizarlas.
- Elabore con su hijo una lista de afirmaciones positivas sobre él y recuérdele que las repita a diario. Esto mejorará su confianza y autoestima.
- Celebre con él incluso los logros más pequeños y recuérdele lo orgulloso que está de él.
- Cómprele un diario bonito y anímele a usarlo todos los días.
- Apoya sus aficiones e intereses. Si le gusta el arte, por ejemplo, apúntelo a clases de pintura.

- Inscríbalo en actividades extraescolares no relacionadas con la escuela, como clases de música, danza o deporte.
- Enséñele técnicas de atención plena y relajación, como respiración y meditación. Esto les ayudará a ser más conscientes de sí mismos y a afrontar mejor las situaciones difíciles.

Enséñele a denunciar los incidentes de acoso a adultos de confianza

Enseñar a su hijo a denunciar los incidentes de acoso es crucial para su seguridad y para el bienestar de otras víctimas. Animar a su hijo a denunciar a los acosadores le enseña que pedir ayuda no es un signo de debilidad y constituye un paso positivo hacia una resolución sana de los conflictos. Informar a adultos de confianza garantiza que la situación se resuelva. De este modo, ningún otro niño será víctima de los métodos dañinos del acosador. También enseña a tu hijo a comunicar sus pensamientos y sentimientos y sirve de ejemplo para que otros denuncien los incidentes.

El acoso puede afectar a varios aspectos de la vida de su hijo y dejar secuelas emocionales y mentales duraderas. Reconocer las señales de que su hijo está siendo acosado le permitirá intervenir cuando sea necesario. También debe enseñarles a responder de forma asertiva y con confianza a sus acosadores. Animarles a denunciar los incidentes de acoso a adultos de confianza, trabajar para mejorar su confianza y mantener una comunicación abierta son pasos en la dirección correcta.

Capítulo 10: Diez técnicas para cultivar relaciones armoniosas y habilidades sociales en los niños

En este capítulo, aprenderá el papel que desempeñan las relaciones sanas y seguras y las grandes habilidades comunicativas en el crecimiento y desarrollo de su hijo. Encontrará las 10 técnicas que debe incorporar a sus interacciones con ellos para enseñarles las habilidades sociales que más necesitan. Por último, encontrará ejemplos de situaciones que puede utilizar para mostrar estas técnicas a su hijo.

La importancia de las habilidades sociales y las relaciones sanas

Relaciones sanas y seguras

Establecer relaciones sanas es crucial para el desarrollo mental, emocional y social de su hijo. Las relaciones seguras enseñan a los niños a gestionar sus acciones y emociones y les permiten desarrollar la empatía. Las relaciones que los niños establecen con sus amigos, familiares, profesores y cuidadores determinan la forma en que aprenden sobre sí mismos y sobre el mundo que les rodea.

Las relaciones ofrecen un espacio en el que los niños pueden expresar sus pensamientos y sentimientos. Ofrecen algo, como un atisbo de sus emociones o una pregunta, y esperan recibir empatía o una respuesta a cambio. Lo que reciben de los demás se traduce en información sobre la comunicación y el comportamiento social aceptable. Les ayuda a comprender cómo deben pensar, comportarse y comunicarse con los demás y les da una idea del nivel en el que deben mostrar un sentido de comprensión o expresar sus emociones.

Las relaciones ofrecen un espacio en el que los niños pueden expresar sus pensamientos y sentimientos
https://www.pexels.com/photo/toddlers-forming-a-circle-751769/

Las relaciones que su hijo establece a una edad temprana marcan la pauta de lo que esperará de los demás en una relación y de cómo los tratará en el futuro. Por eso, cultivar relaciones armoniosas y seguras es esencial para el crecimiento y desarrollo saludable de su hijo.

Habilidades sociales

1. Construir relaciones

Unas buenas habilidades sociales dotan a su hijo de todas las herramientas que necesita para entablar relaciones sanas con los demás: Comunicación eficaz, escucha activa, resolución de conflictos y empatía. Las habilidades sociales permiten a las personas expresarse de forma amistosa pero asertiva y clara. Les permiten respetar las creencias y perspectivas de los demás, aunque sean diferentes de las suyas. Las personas con buenas habilidades sociales pueden encontrar soluciones que satisfagan a todas las partes implicadas para evitar que el problema vaya a más.

2. Confianza en sí mismo

La confianza en sí mismo conduce a una relación positiva con los demás y con uno mismo. Tener una percepción positiva de sí mismo permite a las personas expresarse con asertividad y establecer límites sanos en sus relaciones con los demás. Una buena autoestima permitirá a su hijo manejar fácilmente situaciones incómodas, recuperarse rápidamente del rechazo o del fracaso y perseguir sus objetivos, aficiones y pasiones.

3. Mejorar la comunicación

Sin una comunicación eficaz no se puede llegar muy lejos. Estas habilidades son la clave para prosperar en las relaciones, los esfuerzos académicos y el lugar de trabajo. Una buena capacidad de comunicación permite a las personas posicionarse con seguridad en su comunidad y en su lugar de trabajo. Pueden evitar y afrontar malentendidos y conflictos potenciales, incorporando a sus interacciones estrategias de resolución de problemas, empatía y capacidad de escucha activa.

4. Empatía y comprensión

Las buenas habilidades sociales permiten a los niños respetar y apreciar las diferencias entre las personas. Garantizan que los niños reconozcan y comprendan distintos puntos de vista, eviten juzgar a los demás y se relacionen con ellos. La empatía es una importante habilidad social que ayuda a los niños a expresar su compasión por las personas y a acercarse a ellas con amabilidad y respeto.

10 técnicas para incorporar a sus interacciones diarias

1. Escuchar activamente

No hay mejor manera de enseñar a su hijo esta técnica que modelándola usted mismo. La escucha activa permite que los demás se sientan escuchados y les da la impresión de que realmente te preocupas por ellos. Demuestra a los demás que sus palabras, historias y experiencias importan, lo que fomenta la apertura y la confianza mutuas. La escucha activa requiere prestar toda la atención al interlocutor, comprender y reflexionar sobre sus palabras, responder con atención y reflexión, evitar interrumpirle y mantener un contacto visual adecuado durante toda la interacción.

Ejemplo: Su hijo vuelve del colegio con ganas de contarle cómo le ha ido el día. Aunque esté ocupado, dedique 10 minutos de su tiempo a escuchar lo que tiene que decirle. Muéstrele interés, hágale preguntas, mírele a la cara, mantenga el contacto visual y responda con el mismo entusiasmo. Esto no solo modelará el tipo de comportamiento que deben mostrar en sus interacciones, sino que también reforzará su vínculo con su hijo y le mostrará que sus sentimientos y experiencias importan.

2. Empatía

La empatía conduce a relaciones más fructíferas y satisfactorias, ya que ayuda a comprender los pensamientos y sentimientos de las personas a un nivel más profundo. Facilita la comunicación con los demás y el apoyo cuando te necesitan. Para ayudar a su hijo a cultivar la empatía, anímele a examinar las situaciones desde distintas perspectivas. Por ejemplo, si ha discutido con un amigo, pídale que piense cómo se sintió su amigo en esa situación. Esto les ayudará a entender cómo se sienten los demás. Ser empático con ellos validará sus emociones, les ayudará a sentirse incomprendidos y les animará a hacer lo mismo con los demás.

Ejemplo: Su hijo está enfadado porque sus planes con sus amigos se han cancelado. En lugar de regañarle o mostrar frustración por sus quejas, dígale que entiende cómo se siente. Puede decirle que sabe que está decepcionado porque sus planes no se han cumplido, pero a veces las cosas no salen como uno las planea. Validar sus emociones puede ayudarles a desarrollar empatía con el tiempo.

3. Compartir y cooperar

Participe en actividades que animen a su hijo a cooperar y compartir cosas. Pueden hacer manualidades, jugar a juegos de mesa o a videojuegos juntos. Hacer cosas juntos es una gran oportunidad para pasar tiempo de calidad con su hijo a la vez que le enseña la importancia del compromiso y le ayuda a desarrollar habilidades de trabajo en equipo y cooperación.

Ejemplo: Organice noches de juegos semanales con su familia. Reúnanse para jugar a juegos de mesa o de cartas o para resolver problemas juntos. Mientras juegan, trabajen juntos para desarrollar estrategias e ideas útiles. Animaos mutuamente, aunque juguéis en equipos diferentes. Su hijo desarrollará un buen espíritu deportivo, comprenderá la importancia del trabajo en equipo y aprenderá sobre el compromiso y cómo todos pueden trabajar hacia un objetivo común utilizando diferentes estrategias.

4. Resolución de conflictos

Abordar los conflictos con calma y estar abierto a discutirlos junto con diversas soluciones permitirá a los niños aprender habilidades de resolución de conflictos. Anime a su hijo a expresar sus sentimientos, compartir su punto de vista y escuchar las perspectivas de los demás antes de precipitarse a tomar una decisión o decir algo de lo que podría arrepentirse más tarde.

Ejemplo: Si sus hijos se pelean por un juguete, oriénteles para que resuelvan el conflicto de forma independiente. Pídales que piensen en soluciones que satisfagan a todos. Hacer esto cada vez que surja un desacuerdo les entrenará para comunicarse eficazmente y pensar en soluciones satisfactorias.

5. Cortesía

Enseñe a sus hijos la importancia de ser educados y mantener buenos modales. Diga "gracias", "por favor" y expresiones de cortesía similares, incluso cuando esté hablando con ellos para modelar este comportamiento. Explíqueles que ser cortés demuestra respeto y gratitud hacia los demás, algo esencial para construir y mantener relaciones sanas.

6. Comunicación eficaz

Enseñe a sus hijos que la comunicación eficaz difiere de una situación y contexto a otro. Por ejemplo, la forma de hablar a los amigos es distinta de la forma de hablar a los miembros adultos de la familia, a los profesores y a los desconocidos. Enséñeles que el espacio personal apropiado también depende del contexto.

Ejemplo: Pídale a su hijo que escuche cómo se comunica usted durante una llamada telefónica relacionada con el trabajo en comparación con cómo interactúa con sus amigos. Reflexione con él sobre los cambios en el tono y la elección de palabras. También puede representar con él situaciones en las que le pida que demuestre cómo describiría su película favorita a un amigo y luego a su profesor.

7. Lenguaje corporal y señales no verbales

Entre el 70% y el 93% de las comunicaciones humanas son no verbales. Los medios de comunicación no verbales suelen ser más sinceros y perspicaces que los verbales. Los gestos con las manos, las expresiones faciales, la postura y el lenguaje corporal pueden ayudarle a entender cómo se sienten los demás, enriqueciendo sus interacciones. Enseñar a su hijo el impacto de las señales no verbales y cómo observarlas, interpretarlas y aplicarlas potenciará sus habilidades comunicativas y sociales.

Ejemplo: Si están viendo juntos una película, haga una pausa cada vez que un personaje exprese visiblemente sus emociones y pregúntele a su hijo cómo cree que se siente. Pídale que analice los gestos con las manos, las expresiones faciales y el lenguaje corporal utilizado para ser lo más preciso posible.

8. Amabilidad y positividad

La amabilidad y el positivismo son dos grandes cualidades para tener en un amigo. Hable con su hijo de cómo ser amable, positivo y solidario puede ayudarle a forjar amistades duraderas y sanas con los demás. Pídale que piense en las cualidades que, en su opinión, hacen de un buen amigo y guíele para que modele estos comportamientos representándolos usted mismo.

Ejemplo: Puede hornear galletas con su hijo un día de lluvia para compartirlas con sus vecinos. Piense habitualmente en formas de mejorar el día de alguien sin esperar nada a cambio.

9. Afrontar el rechazo

Su hijo se enfrentará al rechazo en algún momento de su vida. No todo el mundo querrá ser su amigo o corresponder a su amabilidad o apoyo. Enséñele que el rechazo no es un reflejo de quién es como persona. Enséñele que el rechazo no debe afectar a su autoestima ni a su confianza.

Ejemplo: Imagine que su hijo no consigue el papel protagonista en una obra de teatro que le hacía mucha ilusión. En vez de decirle que lo supere, valide sus emociones y asegúrele que eso no significa que no sea lo bastante bueno. Dígale que está bien que se enfade, pero que no debe dejar que esta situación le defina. Recuérdele que debe sentirse orgulloso de su esfuerzo y que en el futuro le llegarán más oportunidades.

10. Sensibilidad cultural

Exponga a su hijo a diferentes puntos de vista y orígenes a través de películas, libros o viajes. Enséñele la importancia de respetar y conocer las distintas culturas y sus costumbres, celebraciones y tradiciones. Enseñar a su hijo a aceptar y apreciar las diferencias entre las personas puede prepararle para el éxito profesional e interpersonal en el futuro.

Cómo enseñar a su hijo estas técnicas

- Modele estos comportamientos, ya que los niños son aprendices visuales y observadores. También suelen copiar a sus padres, por lo que solo debe mostrarles los comportamientos que desea que adopten.

- Plantee situaciones que permitan a su hijo poner en práctica cada una de las técnicas mencionadas. Cambie los papeles para enseñarles diferentes perspectivas.

- Dedique 10 minutos antes de acostarse a la reflexión. Anímele a compartir sus experiencias con usted y a hablarle de los retos a los que se enfrentó, las emociones que experimentó, cómo quiso reaccionar y qué hizo en su lugar. Comente con él cómo pueden afrontar rápidamente situaciones similares en el futuro.

- Miren y lean libros, películas y programas de televisión educativos y apropiados para su edad para observar e interpretar las habilidades sociales y los comportamientos que se describen.

- Utilice recompensas y cumplidos para reforzar el buen comportamiento y el uso positivo de las habilidades sociales.

- Mantenga abiertos los canales de comunicación con su hijo. Asegúrele que puede compartir sus pensamientos, sentimientos y experiencias sin ser juzgado. Proporciónele el apoyo y la orientación que necesita para prosperar.

El comportamiento que usted demuestre a su hijo influirá en su forma de tratar a los demás
https://www.pexels.com/photo/students-running-together-inside-the-school-8926648/

Tenga en cuenta que los comportamientos que modele con su hijo y todas sus interacciones con él tienen un profundo impacto en su forma de tratar a los demás. Esto no es para asustarle, sino para recordarle que usted tiene el poder de enseñar a su hijo técnicas inestimables que le ayudarán a cultivar vínculos fuertes y fructíferos con los demás. Ahora que ha leído este capítulo, ya sabe cómo animar a su hijo a acercarse a los demás con confianza, empatía y sentido de la comprensión.

Conclusión

Al pasar la última página de este libro, piense en todo lo que su hijo ha aprendido sobre la resolución de conflictos, una habilidad que no solo es útil, sino absolutamente esencial en todos los aspectos de su vida. Desde enfrentarse a los acosadores hasta encontrar soluciones con amigos y compañeros de clase, la resolución de conflictos permite a los niños desenvolverse en las complejidades del mundo con confianza y elegancia. Las lecciones que han explorado sirven como base para una vida de éxito, construyendo líderes fuertes que pueden superar los retos y tener un impacto positivo.

El conflicto es inevitable. Si dota a su hijo de las herramientas y estrategias que presenta este libro, podrá transformar los conflictos de escollos en peldaños. Este libro le muestra que la resolución de conflictos no consiste solo en resolver desacuerdos, sino en fomentar la comprensión, la empatía y la comunicación. En él se dota a las mentes jóvenes de la capacidad de convertir los conflictos en oportunidades de crecimiento y conexión.

Piense en las innumerables situaciones en las que su hijo puede beneficiarse de estas habilidades. Imagíneselo dirigiéndose con confianza a un profesor que podría estar tratándole injustamente o resolviendo con destreza un desacuerdo con un amigo. Piense en él actuando como mediador entre compañeros de clase, encontrando puntos en común y tendiendo puentes. Estas experiencias no se limitan a resolver conflictos, sino que son los cimientos del liderazgo. Al aprender a gestionar eficazmente los conflictos, los niños desarrollan la confianza necesaria para liderar, inspirar e influir positivamente en quienes les rodean.

Hay que reconocer que los conflictos son parte integrante de la vida. Existen en todas partes, ya sea en la escuela, en casa o en la comunidad. Evitar los conflictos puede parecer tentador, pero al hacerlo se pierden valiosas oportunidades de crecimiento y aprendizaje.

Como padre, usted desempeña un papel fundamental en el desarrollo de las habilidades de su hijo para resolver conflictos. Guíelo a través de las lecciones que ha aprendido en este libro y anímelo a incorporarlas a su vida cotidiana. Pídale que lleve un diario de resolución de conflictos, un espacio seguro donde pueda reflexionar sobre sus experiencias, anotar sus sentimientos y explorar posibles soluciones. Cuando surjan conflictos, pídale que consulten su diario y piense cómo puede aplicar sus conocimientos para superar el reto.

La práctica hace al maestro, y representar situaciones de conflicto puede ser una herramienta inestimable. Represente diferentes situaciones con su hijo, permitiéndole practicar sus habilidades de resolución de conflictos en un entorno de apoyo. Cuanto más se involucren en estas situaciones, más confianza tendrán en sus nuevas habilidades cuando surjan conflictos en la vida real. Recuerde que la clave es infundir confianza a su hijo. Recuérdele sus puntos fuertes, reconozca sus progresos y celebre sus éxitos, por pequeños que sean.

Mira otro libro de la serie

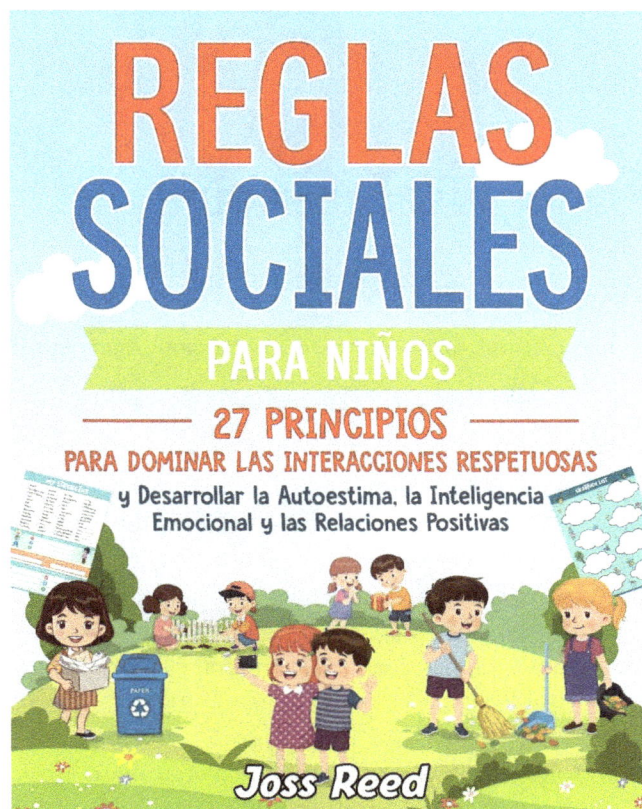

REGLAS SOCIALES

PARA NIÑOS

27 PRINCIPIOS

PARA DOMINAR LAS INTERACCIONES RESPETUOSAS

y Desarrollar la Autoestima, la Inteligencia
Emocional y las Relaciones Positivas

Joss Reed

Referencias

(S.f.). Eccpct.com. https://www.eccpct.com/Resources/Child/Tips-for-Tots/Help-Young-Children-with-Conflict-Resolution/

5 Estrategias para ayudar a su hijo con trastorno del espectro autista a desarrollar habilidades sociales. (2019, 8 de marzo). Brainfit Kids. https://brainfitkids.net.au/2019/03/5-strategies-to-help-your-child-with-autism-spectrum-disorder-develop-social-skills/

5 Formas de aumentar la confianza de su hijo. (s.f.). On Our Sleeves. https://www.onoursleeves.org/mental-wellness-tools-guides/healthy-habits/boost-kids-confidence

7 estrategias clave para gestionar la rivalidad entre hermanos. (s.f.). Big Life Journal. https://biglifejournal.com/blogs/blog/key-strategies-manage-sibling-rivalry

La escucha activa. (2023, 23 de enero). Cdc.gov. https://www.cdc.gov/parents/essentials/toddlersandpreschoolers/communication/activelistening.html

Admin, W. (2023). ¿Cómo enseñar a los niños conciencia cultural y diversidad? Mindful and Modern ABA Therapies. https://montessoriaba.com/teach-children-cultural-awareness-diversityhow-do-you-teach-children-cultural-awareness-and-diversity/

Amy Morin, L. (2018, 7 de febrero). 6 estrategias de crianza para criar niños emocionalmente inteligentes. Verywell Family. https://www.verywellfamily.com/tips-for-raising-an-emotionally-intelligent-child-4157946

Arias, J. (2020, 8 de abril). Actividades para ayudar a los niños a reconocer y explicar sus emociones. BSN Voices; El Colegio Británico en los Países Bajos. https://voices.britishschool.nl/2020/04/08/activities-to-help-children-recognise-and-explain-their-emotions/

El solucionador de problemas: Una intervención conductual para enseñar a resolver problemas a estudiantes autistas de alto funcionamiento. Teaching Exceptional Chil-dren, 55(3), 208-219. https://doi.org/10.1177/00400599211068444

Clara. (2022, 8 de mayo). 20 actividades divertidas de resolución de conflictos para niños (PDF imprimible): Hojas de trabajo, juegos y actividades. Cuentos muy especiales. https://veryspecialtales.com/conflict-resolution-activities-for-kids-pdf/

Clara. (2023, 30 de enero). 28 divertidas Actividades de Inteligencia emocional para niños. Cuentos muy especiales. https://veryspecialtales.com/emotional-intelligence-activities-for-kids/

Valores fundamentales para la gestión de conflictos. (s.f.). Gestión de conflictos en Iowa - Universidad de Iowa. https://conflictmanagement.org.uiowa.edu/core-values-conflict-management

Croghan, M., & Mann, M. (s.f.). Cinco maneras de ayudar a los niños a colaborar en la resolución de problemas. https://www.nesta.org.uk/blog/5-ways-to-help-kids-become-collaborative-problem-solvers/

Departamento de Salud y Servicios Humanos. (s.f.). Los niños pequeños y la comunicación. Better Health Channel. https://www.betterhealth.vic.gov.au/health/healthyliving/young-children-and-communication#communicating-with-an-older-child

Educación, V. (2022, 11 de febrero). Por qué las habilidades sociales son importantes para el desarrollo infantil. Vanco. https://www.vancopayments.com/education/blog/social-skills-in-child-development

Empatía: la clave para profundizar en las relaciones | Blog | Marshall Connects | Ontario, Canadá. (2017, 29 de julio). https://www.marshallconnects.com/site/corporate-growth-news/2017/07/29/how-empathy-can-enhance-your-relationships

Engler, B. (2022, 2 de septiembre). Cómo enseñar a su hijo a lidiar con los conflictos - connections acade-my®. Connectionsacademy.com; Academia Connections. https://www.connectionsacademy.com/support/resources/article/building-conflict-resolution-skills-in-children/

Engler, B. (2023). Enseñar a su hijo a lidiar con los conflictos. www.connectionsacademy.com. https://www.connectionsacademy.com/support/resources/article/building-conflict-resolution-skills-in-children/

Garey, J., Lee, S. A., & Werley, C. (2020, 26 de agosto). Enseñando a los niños a lidiar con los conflictos. Child Mind Institute. https://childmind.org/article/teaching-kids-how-to-deal-with-conflict/
https://childmind.org/article/teaching-kids-how-to-deal-with-conflict/

Hadani, H. S., & Katz, R. (2022, 22 de junio). Hablando de emociones: Cómo apoyar el desarrollo social y emocional de los niños a través del lenguaje. Brookings. https://www.brookings.edu/articles/talking-about-emotions-how-to-support-childrens-social-and-emotional-development-through-language/

Ayudando a los niños a manejar los conflictos. (2018, 13 de julio). Kids Helpline. https://kidshelpline.com.au/parents/issues/helping-kids-handle-conflict

Ayudando a los niños a manejar conflictos. (2018, 13 de julio). Kids Helpline. https://kidshelpline.com.au/parents/issues/helping-kids-handle-conflict

Holt, K. (2023). 10 Maneras de detener y prevenir el acoso en la escuela. Mom Loves Best. https://momlovesbest.com/bullying-prevention

¿Cómo afecta el acoso escolar a su hijo? | Family Lives. (s.f.). https://www.familylives.org.uk/advice/bullying/advice-for-parents/how-does-bullying-affect-your-child

Cómo compartir una educación sobre negociación con los niños. (2022, 11 de agosto). PON - Programa de negociación de la Facultad de Derecho de Harvard; Program on Negotia-tion at Harvard Law School. https://www.pon.harvard.edu/daily/leadership-skills-daily/teaching-children-to-self-advocate-nb/

Cómo enseñar a los preescolares a resolver conflictos. (2021, 25 de enero). Centro de aprendizaje cristiano de los pilares; The Pillars Christian Learning Center. https://thepillarsclc.com/conflict-resolution-for-preschoolers/

Howley-Rouse, A. (2020, 25 de marzo). Apoyando el aprendizaje emocional de los niños en la primera infancia. THE EDUCATION HUB. https://theeducationhub.org.nz/supporting-childrens-emotional-learning-in-early-childhood/

Mejore las habilidades de escucha activa de su hijo. (2017, 13 de junio). Oxford Learning. https://www.oxfordlearning.com/improve-active-listening-skills/

It, O. (2019, 18 de febrero). 6 divertidos juegos para enseñar a escuchar activamente. KITS - Kids In Transition To School. https://kidsintransitiontoschool.org/6-fun-games-to-teach-active-listening/

Jarocha, T. (2023). 12 Consejos para criar niños seguros de sí mismos. Child Mind Institute. https://childmind.org/article/12-tips-raising-confident-kids/

Lora, C. C., Kisamore, A. N., Reeve, K. F., & Townsend, D. B. (2019).

Efectos de una estrategia de resolución de problemas en la realización independiente de tareas vocacionales por adolescentes con trastorno del espectro autista. Revista de análisis de comportamiento aplicado, jaba.558. https://doi.org/10.1002/jaba.558

Clase magistral. (2021, 2 de noviembre). Cómo usar la escucha activa para mejorar sus habilidades de comunicación - 2023 - MasterClass. https://www.masterclass.com/articles/how-to-use-active-listening-to-improve-your-communication-skills

Merrow, C. (2021, 15 de junio). Habilidades de escucha activa para niños. Empowering Education. https://empoweringeducation.org/blog/active-listening/

Misión, valores y creencias, y gobernanza estratégica. (s.f.). La enseñanza de la inteligencia emocional en la primera infancia. NAEYC. https://www.naeyc.org/resources/pubs/yc/mar2017/teaching-emotional-intelligence

Moonpreneur. (2023, 3 de marzo). ¿Por qué son importantes las habilidades sociales para los niños? Moonpreneur. https://moonpreneur.com/blog/social-skills-important-for-kids/

Sin título. (s.f.). Com.Pk. https://www.twinkl.com.pk/teaching-wiki/active-listening

Sin título. (s.f.). Com.Pk. https://www.twinkl.com.pk/resource/us-t2-p-268-compromises-activity

Sin título. (s.f.). Whatdoesmammasay.com. https://whatdoesmammasay.com/cgi-sys/suspendedpage.cgi

Peterson, S. (2016, 29 de junio). Tolerance. Más allá de lo intratable. https://www.beyondintractability.org/essay/tolerance

Pin sobre emociones/paternidad. (s.f.). Pinterest. https://www.pinterest.co.uk/pin/682787993501459793/feedback/?invite_code=aa25ba6883124fefb86740206cc8f497&sender_id=682788130914495615

Psych, B. D. (2020). Los efectos del bullying en la salud mental. Best Day Psychiatry & Counsel-ing. https://bestdaypsych.com/the-effects-of-bullying-on-mental-health/

Enlaces relacionados Preguntas para el debate. (s.f.). Enlaces relacionados de KidsHealth. Kidshealth.org. https://classroom.kidshealth.org/classroom/3to5/personal/growing/conflict_resolution.pdf

Relaciones y desarrollo infantil. (2023, 22 de marzo). Criando a los niños Network. https://raisingchildren.net.au/newborns/development/understanding-development/relationships-development

Noticias de Sanford Health. (2021, 7 de julio). Educar a un niño educado: Todo el mundo aprecia los buenos modales. Sanford Health News. https://news.sanfordhealth.org/parenting/everyone-appreciates-good-manners/

S Scaife, A. (2017, 15 de febrero). La negociación y el arte del compromiso. Family Times.

Segal, J., Robinson, L., & Melinda Smith, M. A. (s.f.). Habilidades para la resolución de conflictos - Helpguide.org. https://www.helpguide.org/articles/relationships-communication/conflict-resolution-skills.htm

Sichterman, J. (2015, 9 de diciembre). Enseñando a su hijo, el arte de la negociación. Embracing Horizons. https://embracinghorizons.com/teaching-your-child-the-art-of-negotiation/

Suarez, V. D., Najdowski, A. C., Tarbox, J., Moon, E., St. Clair, M., & Farag, P. (2022). Clair, M., & Farag, P. (2022). Enseñando a individuos con autismo habilidades de resolución de problemas para resolver conflictos sociales. Behavior Analy-sis in Practice, 15(3), 768-781. https://doi.org/10.1007/s40617-021-00643-y

Enseñe inteligencia emocional a los niños con estas 30 potentes actividades. (2020, 8 de noviembre). Mejorando la Juventud; Bettering Youth: Tutoría. https://betteringyouth.co.uk/blog/emotional-literacy-30-activities

Enseña inteligencia emocional a los niños con estas 30 potentes actividades. (2020, 8 de noviembre). Mejorando la Juventud; Bettering Youth: Tutoría. https://betteringyouth.co.uk/blog/emotional-literacy-30-activities

Enseñar habilidades de resolución de conflictos a los niños: Guía para padres. (2023, 30 de junio). BrightChamps Blog; BrightChamps. https://brightchamps.com/blog/conflict-resolution-skills-for-kids/

Enseñar a los niños a negociar. (2002, 25 de septiembre). FamilyEducation. https://www.familyeducation.com/kids/development/emotional/teaching-kids-negotiate

Translations, S. (2020, 8 de octubre). El papel del lenguaje en las emociones - Stillman Translations. Stillman Translations. https://www.stillmantranslations.com/role-of-language-emotions/

Tutt, P. (2021, 5 de agosto). 7 maneras de enseñar a los niños a gestionar sus propios conflictos. Edutopia; Fundación Educativa George Lucas. https://www.edutopia.org/article/7-ways-teach-kids-manage-their-own-conflicts/

Tipos de acoso escolar | Centro Nacional contra el acoso escolar. (s.f.). https://www.ncab.org.au/bullying-advice/bullying-for-parents/types-of-bullying/

Comprender y gestionar las emociones: niños y adolescentes. (2022, 18 de octubre). Raising Children Network. https://raisingchildren.net.au/preschoolers/development/preschoolers-social-emotional-development/understanding-managing-emotions-children-teenagers

Utilizar el lenguaje emocional: Cómo hablar con sus hijos sobre los sentimientos. (sin fecha). Nation-widechildrens.org. https://www.nationwidechildrens.org/family-resources-education/700childrens/2019/01/using-emotional-language

Valente, S., Afonso Lourenço, A., & Németh, Z. (2022). Conflictos escolares: Causas y estrategias de gestión en las relaciones en el aula. En M. P. Levine (Ed.), Interpersonal Relationships. IntechOpen.

Warger, C. (2018, 30 de julio). Por qué los estudiantes con trastorno del espectro autista tienen dificultades con la resolución de problemas de palabras matemáticas. Exceptional Innovations. https://www.exinn.net/autism-math-word-problem-solving/

Por qué las relaciones son tan importantes para los niños y jóvenes. (s.f.). Mental Health Foundation. https://www.mentalhealth.org.uk/explore-mental-health/blogs/why-relationships-are-so-important-children-and-young-people

Yetty. (2022). 10 señales reveladoras de que su hijo sufre acoso escolar. https://lagosmums.com/10-telltale-signs-your-child-is-being-bullied/

Young, K. (2020). 5 maneras de preparar a su hijo para afrontar el rechazo. Hey Sigmund. https://www.heysigmund.com/5-ways-to-prepare-your-child-for-rejection/

Zurn, M. (s.f.). Aprender a compartir y cooperar conduce a la amistad - Primrose Schools. Prim-rose Schools. https://www.primroseschools.com/blog/learning-to-share-and-cooperate-leads-to-friendship-2

www.ingramcontent.com/pod-product-compliance
Lightning Source LLC
Chambersburg PA
CBHW081419090426
42738CB00017B/3418